Sur les traces de...

Moïse

Gallimard Jeunesse

ISBN 2-07-054597-0

Loi n° 49-956 du 16 juillet 1949 sur les publications destinées à la jeunesse.

Dépôt légal septembre 2001: - N° d'édition : 99247
Photogravure : André-Michel
Imprimé par EuroGrafica

Sur les traces de...

MOÏSE

raconté par Pierre Chavot
illustré par Jean-Michel Payet

GALLIMARD JEUNESSE

Sur les traces de...

MOÏSE

Les Hébreux réduits en esclavage

Vers l'an 1300 avant Jésus-Christ, les Hébreux vivent en paix à l'est du **delta** du Nil, sous la protection des souverains d'Égypte.

Il y a quatre siècles qu'ils se sont établis là, dans cette magnifique région de Goshen, terre fertile plantée de roseaux, de **papyrus** et de palmiers dattiers. Agriculteurs, pêcheurs, ils vivent aussi de l'élevage et se déplacent avec leurs troupeaux, au gré des saisons, sur les pâturages verdoyants du delta. Ainsi, rien ne semble devoir perturber la tranquillité de ce peuple qui vit au rythme des saisons et s'accroît d'année en année...

Delta : région où des dépôts laissés par un fleuve divise celui-ci en de multiples branches.
Papyrus : plante poussant au bord du Nil, qui possède de nombreux usages. Sa moelle, découpée en lanières assemblées, devenait une feuille mince et blanche sur laquelle on pouvait écrire.

Mais, en l'an 1304, le pharaon Séthi Ier monte sur le trône d'Égypte. Le peuple hébreu, qui compte alors plusieurs milliers de personnes, représente à ses yeux une menace au cœur même de son royaume. L'idée de les réduire en esclavage germe alors dans son esprit.

– Je crains que les Hébreux ne se retournent un jour

contre moi, fait-il remarquer à ses fonctionnaires. Qu'on en fasse des esclaves ! Ils cesseront de se multiplier et deviendront aussi pauvres que le plus pauvre de mes paysans. Qu'il en soit ainsi. Allez !

C'est l'aube. La végétation frémit sous la brise. On entend parfois le bêlement d'un mouton ou le cri d'un faucon chassant sa proie. Les Hébreux dorment paisiblement. Soudain, un bruit assourdissant les sort de leur sommeil. Les Égyptiens envahissent le camp ! Des chevaux hennissent, martelant le sol de leurs sabots. Des chars se ruent à travers les rangées de tentes. Le général qui commande la troupe hurle ses ordres :

– Debout, fainéants ! Sortez. Ainsi le veut Pharaon !

Des cris retentissent.

– Que se passe-t-il ? s'exclament les anciens.

– Son Altesse a décidé de faire de vous des esclaves. Tel est son désir. Laissez vos bêtes et suivez-nous.

Les Hébreux, terrifiés, se rassemblent au centre du campement. Le plus âgé prend alors la parole :

– Ne vous inquiétez pas, mes frères. Séthi doit sûrement se tromper. Il sait combien notre ancêtre **Joseph** fut un grand **vizir**...

– Tais-toi, vieux fou ! l'interrompt le général. Pharaon ne se trompe jamais. Et qui est ce Joseph de malheur ?

Joseph : ancêtre des Hébreux. Fils du patriarche Jacob, il est, selon la Bible, le premier à s'installer en Égypte où le rejoignent son père et ses frères.
Vizir : dans l'Égypte ancienne, le vizir était une sorte de premier ministre du pharaon.

Les Hébreux comprennent brutalement que Joseph, leur illustre aïeul, dont les pharaons d'Égypte glorifièrent la mémoire pendant quatre siècles, est maintenant oublié.

Le temps de ramasser quelques affaires, les Hébreux se mettent en route, le ventre vide, les jambes lourdes, abasourdis par cette vérité qui s'impose à eux : en quelques instants, d'hommes libres, les voilà devenus captifs. Ils marchent deux jours durant sous la surveillance des soldats de Pharaon. Le lendemain, on les oblige à s'installer sur un terrain désert où ils plantent leurs tentes, entourés d'une garde armée.

L'esclavage des Hébreux commence.

Ils sont aussitôt soumis à des travaux très pénibles : Séthi Ier, impitoyable, les traite avec mépris et méchanceté. Les enfants poussent les charrues, les femmes ensemencent les champs, les hommes extraient l'argile servant à faire des briques. La nourriture est suffisante mais pauvre. Le soleil, surtout en été, rallonge les jours et les heures de labeur. Tout semble fait pour anéantir petit à petit le peuple hébreu. Mais il résiste, et menace même de s'accroître davantage grâce à de nombreuses naissances. À cette idée, Pharaon entre dans une rage folle. Il prend une terrible décision :

– Que nos sages-femmes accouchent ces maudites femmes et fassent mourir tous les garçons !

La nouvelle se répand aussitôt dans tout le pays. Cependant, quand les accoucheuses arrivent au camp des Hébreux, les enfants sont déjà nés. Pharaon, qui ne veut pas perdre la face, ne peut plus reculer.

– Jetez les garçons dans le Nil et gardez les filles, ordonne-t-il, le regard glacial.

Les parents pleurent leur désespoir et hurlent leur colère, pleins d'une rage impuissante. Que peuvent-ils faire ? Le grand fleuve est bientôt couvert de petits corps flottant dans le courant.

Cependant, une mère a pu cacher son fils nouveau-né, le sauvant des soldats venus le chercher.

– Il est déjà mort, leur a-t-elle annoncé en larmes.

Durant trois mois, elle parvient à l'élever tant bien que mal, le nourissant de son lait et calmant aussitôt ses pleurs pour qu'il ne soit pas entendu des Égyptiens. Mais l'enfant étant devenu un nourrisson robuste, la mère doit se résoudre à s'en séparer. Elle sait que si les gardes le découvrent, la colère de Pharaon sera terrible. Elle décide alors de fabriquer un berceau avec des papyrus, et, pour le rendre imperméable, enduit l'intérieur de **poix** et de **bitume**. Le cœur déchiré, elle place l'enfant dans la corbeille, descend la déposer sur les eaux calmes du Nil et demande à Myriam, sa fille aînée, de la suivre le long du fleuve.

Poix : c'est une sorte de colle à base de résine, d'origine végétale.
Bitume : goudron qui permet d'imperméabiliser un bateau ou une route.

Durant de longues heures, Myriam marche le long de la

rive sans quitter des yeux la corbeille dérivant à la surface de l'eau. Elle sait qu'elle ne doit pas se faire voir des Égyptiens et prend soin de se dissimuler dans les hautes herbes qui bordent le Nil dès qu'elle entend ou aperçoit une patrouille. Soudain, la corbeille se prend dans des roseaux ! Alors qu'elle se précipite pour la dégager, elle entend des voix de femmes et s'arrête net. Trop tard : Tija, la fille aînée de Séthi, arrive pour se baigner avec ses servantes !

La princesse défait les boucles de sa tunique et se penche sur la rive, prête à plonger.

– Oh ! s'écrie-t-elle en s'arrêtant devant la corbeille. Venez voir !

Surmontant sa peur, Myriam se précipite.

– Qui es-tu ? lui demande Tija, furieuse. Ne sais-tu pas

que l'on doit demander audience avant de se présenter devant moi ?

– Oh ! ma princesse, pardonne mon insolence. Peu importe mon nom. Ce petit est mon frère. Il dérive dans son berceau depuis ce matin, et je l'ai suivi. Ma mère a dû l'abandonner. Nous… nous sommes des… des Hébreux !

Tija laisse échapper un petit cri de surprise, donne l'ordre de remonter la corbeille et examine de près cet enfant. Son visage s'illumine aussitôt.

– Qu'il est mignon ! Va chercher ta mère, elle lui servira de nourrice puisque ses seins sont sûrement remplis de lait. Allez, fais vite ! Et dis-lui que j'appelle son fils **Moïse** ! Je me charge de convaincre mon père.

Alors qu'il est à la chasse, Pharaon apprend que sa

Moïse : ce nom d'origine égytienne, traduit par Moshé en hébreux, est formé de la racine mos («fils de») rattaché à un Dieu comme dans Thoutmosis (fils de Thout). Mais, pour Moïse, le nom du Dieu a disparu.
Hiéroglyphes : écriture de l'Égypte ancienne, faite de signes et de dessins.

propre fille héberge un enfant qu'il avait pourtant promis à la mort. Il se précipite au palais de Tija, mais son autorité de roi ne peut rien devant la détermination de cette jeune femme belle et très persuasive. Moïse restera avec elle. Tija, comme promis, fait venir la mère le temps d'allaiter l'enfant, puis elle la renvoie brutalement à sa condition d'esclave. Ainsi en a décidé Pharaon !

La princesse révèle à Moïse sa véritable origine. Le jeune Hébreu passe ainsi son enfance et son adolescence au milieu d'une cour composée d'Égyptiens. Il étudie, apprend l'écriture des **hiéroglyphes**, et reçoit finalement l'éducation d'un prince grâce à son compagnon de jeux, Ramsès, le jeune frère de Tija, auprès duquel il grandit.

Un matin, la terrible nouvelle tombe : l'illustre Séthi Ier est mort et son fils doit lui succéder. Pour Moïse, ce changement n'a aucune conséquence. Mais pour son peuple, la montée sur le trône de Ramsès II aggrave leur condition déjà pénible. En effet, le jeune souverain décide de bâtir une nouvelle ville dans le delta du Nil, autour du palais d'été de son père : Pi-Ramsès.

– Amenez les Hébreux sur le chantier et qu'ils se mettent au travail. Fouettez-les s'il le faut, lance-t-il aux architectes. Je veux que ma cité soit aussi grande que ma gloire.

Dans l'ombre, Moïse se tait. «Le titre de roi a endurci son cœur», pense-t-il et il ne reconnaît plus son ami. Sur les ordres du nouveau pharaon, il devra bientôt partir en inspection dans les provinces.

Que va devenir son peuple ?

L'ÉGYPTE dans laquelle grandit Moïse est celle de la grande dynastie des Ramsès (vers 1300-1100 av. J.-C.). La société est alors très bien organisée et administrée. Elle vit sous l'autorité du pharaon autour duquel se rassemblent la cour et le gouvernement.

Le temple d'Abou Sim

Vizir

Les épouses et les concubines
Ramsès II a cinq «grandes épouses royales», dont **Néfertari,** sa préférée, et sa propre sœur Hentimrê. Il possède également un harem souvent composé des filles de princes étrangers offertes pour nouer des alliances.

La cour
Elle réunit plusieurs corps de métier : les hauts fonctionnaires (dont font partie les **scribes**, les médecins et les prêtres), les militaires et les serviteurs du pharaon dont le grand intendant, l'échanson (qui sert le vin au pharaon) et le panetier. La cour accueille aussi des étrangers, venus de Nubie et du Soudan, alors sous domination égyptienne.

Le vizir et les hauts fonctionnaires
Le vizir est le plus haut personnage du royaume, l'intermédiaire entre les hommes et le pharaon. Il est le plus puissant des hauts fonctionnaires, les autres étant ministres, maires de grandes villes ou encore administrateurs des provinces.

Scribe

Néfertari

“Il reçoit finalement l’éducation d’un prince grâce à son compagnon de jeux, Ramsès, auprès duquel il grandit.”

De grands bâtisseurs
Temples, tombeaux, pyramides, palais, les témoignages architecturaux laissés par les pharaons sont nombreux et spectaculaires. Ainsi, Ramsès II, dont le long règne dura une bonne part du XIIIe siècle av. J.-C., couvrit son pays de monuments comme le gigantesque temple d’**Abou Simbel**, et éleva à sa propre gloire la capitale de Pi-Ramsès, dans le nord du royaume.

Ramsès II

Le pharaon
Considéré comme le fils de Rê, dieu du Soleil, le pharaon (mot qui signifie «grande maison»), est un dieu vivant qui a droit de vie ou de mort sur ses sujets. Chef de l’armée et de l’État, il est aussi chef religieux et décide de la construction des temples et de l’organisation du culte. En principe, le trône de pharaon se transmet de père en fils, mais ce n’est pas toujours le cas en raison des nombreux coups d’État qui perturbent la transmission du trône. Enfin, le pharaon se doit d’épouser sa sœur de manière à préserver le sang de la dynastie.

Moïse rencontre son peuple

Ramsès II est bien décidé à bâtir de magnifiques temples ainsi que des places fortes sur la frontière est du pays afin de le protéger contre les peuples du Nord. Aux portes du désert, Pi-Ramsès, la nouvelle capitale, doit devenir le symbole de sa puissance.

Moïse, quant à lui, est devenu un haut fonctionnaire du royaume. Chargé de contrôler les travaux de la nouvelle cité, il part visiter le gigantesque chantier. À mesure qu'il s'approche de Pi-Ramsès, une émotion si intense s'empare de lui qu'il doit se retenir à la barque pour ne pas tomber : il va bientôt rencontrer son véritable peuple, ses frères de sang.

– Es-tu malade ? lui demande un scribe. Tu sembles bien pâle.

– Non... la chaleur sans doute, le rassure Moïse d'une voix faible.

Cela fait si longtemps qu'il n'a pas revu sa famille... Les seules nouvelles qui lui sont parvenues sont bien maigres : ses parents sont morts, mais sa sœur Myriam et son frère cadet, Aaron, sont toujours vivants. Seulement, il ne les a jamais vus.

La barque accoste enfin devant le site de Pi-Ramsès. Moïse parvient à distinguer au loin le village des Hébreux. Cependant, il se dirige d'abord vers l'imposant palais royal. Il y découvre les Hébreux, encadrés par des soldats armés de bâtons, s'affairant sans répit et transportant de lourdes pierres ou des briques. Moïse sent alors son cœur se serrer et il ne peut retenir une larme. Il se sent si proche de ses frères ! Cependant, il se doit de retenir sa colère et de se comporter comme un haut fonctionnaire égyptien. N'est-il pas un représentant du glorieux Ramsès II ?

Les responsables des travaux sont aussitôt convoqués pour étudier les plans des architectes, l'acheminement des matériaux et les délais de construction. À l'issue de ces rencontres, Moïse, satisfait, peut enfin rejoindre sa tente. Traversant le chantier désert, il s'arrête un instant pour contempler le soleil qui faiblit déjà, savourant le petit vent léger qui achève de dissiper l'intense chaleur de la journée.

– Quel beau pays ! dit-il tout haut en s'étirant.

Tout à coup, il aperçoit un contremaître occupé à frapper un Hébreu avec son bâton !

– Que fais-tu ? s'écrie Moïse en lui saisissant le bras. Tu ne vois pas qu'il est évanoui ?

– Seigneur, il doit être puni, il n'a pas fait son travail ; c'est la loi, explique l'autre. Et puis ce n'est qu'un Hébreu.

– Qu'un Hébreu ? C'est avant tout un homme ! Regarde ce que tu as fait !

Moïse s'empare du bâton et assène un coup au surveillant. Celui-ci s'écroule, le crâne fracassé.

– Il... il est mort, murmure Moïse, livide.

Sans perdre un instant, il décide de creuser dans le sable un trou suffisamment profond pour y ensevelir sa victime. L'Hébreu n'ayant toujours pas repris conscience, Moïse peut s'empresser de regagner sa tente après avoir nettoyé son pagne. Seulement, il ne s'est pas rendu compte que des yeux l'observaient...

Le lendemain, dès l'aube, Moïse se fait amener son cheval. Il a pris la décision de quitter au plus vite Pi-Ramsès et d'emmener avec lui toute sa suite. Parvenu au sud du chantier, il aperçoit deux Hébreux en train de se battre.

– Arrêtez ! leur ordonne-t-il.

– Qui te donne le droit d'intervenir ? s'exclame l'un d'eux. Te prends-tu pour notre chef ou pour notre juge ? Et si nous continuons, vas-tu nous tuer comme tu as tué l'Égyptien hier ? Nous t'avons vu et tout le monde est au courant.

Le silence qui suit est terrifiant. Moïse, pâle comme la mort, sent leurs regards peser sur lui. Il comprend aussitôt

que sa situation est désespérée. Si Ramsès II est informé de son crime, il le fera exécuter sur-le-champ ! Il ne lui reste donc plus qu'une chose à faire : fuir le plus vite possible et le plus loin d'ici. Il frappe aussitôt les flancs de sa monture qui part à bride abattue, laissant les scribes stupéfaits. Devant lui s'étend la **péninsule** du **Sinaï**. Mais comment franchir la succession de lacs qui le séparent de ce refuge ?

Péninsule : presqu'île dont tous les côtés, sauf un, sont entourés par la mer ou l'océan.
Sinaï : vaste territoire (61 000 km^2), en grande partie désertique, qui appartient à l'Égypte.

Pendant de longs jours, Moïse descend vers le sud, jusqu'à la mer Rouge, puis remonte vers le nord. Finalement, il parvient à trouver une embarcation qui le conduit de l'autre côté du lac Amers. Des marchands lui offrent un long manteau pour affronter

les rigueurs du désert. Ne sachant dans quelle direction aller, il confie à sa monture le soin de le conduire. Celle-ci le mène tout d'abord au sud de la péninsule, puis vers le nord, le long du **golfe** d'Aqaba. En chemin, il se nourrit de dattes, remplit sa gourde avec l'eau des oasis. Le jour, il se cache des pillards qui parcourent la région. La nuit, il dort entre des rochers. Lorsqu'il arrive au pays de **Madian**, sur l'autre rive du golfe, il est exténué, assoiffé et affamé, tout comme sa monture. Il s'assoit alors sur une pierre, auprès d'un puits, pour y trouver un peu de repos.

Quelque temps plus tard, il voit apparaître sept jeunes filles qui viennent puiser de l'eau afin de remplir les auges et d'abreuver les moutons de leur père.

Golfe : bassin que la mer crée en entrant dans les terres.
Madian : région désertique située à l'est de la péninsule du Sinaï et du golfe d'Aqaba.

Des bergers surviennent et tentent alors de les chasser. Mais Moïse se lève aussitôt et prend leur défense. Puis il puise de l'eau pour elles et leur troupeau.

À leur retour, leur père remarque :

– Vous rentrez bien tôt aujourd'hui !

– C'est que, lui répondent-elles, nous avons été chassées du puits par des bergers. Mais un Égyptien nous a défendues. Il a même puisé l'eau à notre place et a fait boire notre bétail.

– Et où est-il ? demande-t-il à ses filles. Pourquoi avoir laissé là cet homme ? Invitez-le à manger !

Aussitôt, les sœurs partent chercher Moïse.

– Qui es-tu ? lui demande l'homme lorsqu'il le voit apparaître devant l'entrée de sa tente.

– Je m'appelle Moïse et je fuis le pharaon Ramsès II.

– Sois le bienvenu. Je suis Jéthro, un madianite, et la région que tu vois m'appartient. Suis-moi.

Une vingtaine d'années ont passé. Moïse, devenu un nomade, a installé son camp au pied du mont Sinaï. Appuyé sur son bâton de berger, il regarde courir ses deux fils, Gershom et Éliezer, et goûte le bonheur d'une vie tranquille. Quelque temps après leur rencontre, Jéthro, homme généreux, lui a proposé de rester vivre avec lui et sa famille pour s'occuper de ses troupeaux. Moïse a accepté sa proposition sans hésiter. D'ailleurs, où aurait-il pu aller ? Certainement pas en Égypte où une mort certaine l'attendait. Et puis, il était déjà amoureux de l'une des sept filles de Jéthro, la belle et brune Çippora...

– N'allez pas trop loin, crie-t-il à ses fils qui s'éloignent en courant.

Comme souvent lorsqu'il garde les bêtes de son beau-père, il repense aux Hébreux qui l'ont si mal accueilli et à Myriam et à Aaron, sa sœur et son frère...

– Attention, les enfants ! s'écrie soudain Moïse. Restez où vous êtes. Là ! Le feu !

Mais ils ne l'entendent pas. Moïse vient d'apercevoir un buisson en feu. Il s'en approche avec précaution et découvre avec étonnement que ce buisson est la proie des flammes mais qu'il ne brûle pas ! Les branches se tordent sous l'effet de la chaleur sans pour autant se consumer. Une voix grave et profonde retentit alors :

– Moïse, je suis le Dieu de ton peuple et de tes ancêtres. Retourne en Égypte, va trouver Pharaon et libère tes frères

Canaan : nom du pays que Dieu offre au premier ancêtre des Hébreux, Abraham. Il correspond à peu près à ce que sont aujourd'hui Israël, la Palestine et le Liban.

de l'esclavage. Tu les conduiras jusqu'en terre de **Canaan** et ses riches pâturages. Et c'est ici, au mont Sinaï, que vous me rendrez un culte.

– Mais... mais..., bredouille Moïse.

– C'est à toi seul que je vais révéler mon nom, un nom que ni ton peuple ni même tes ancêtres ne connaissent : Yahvé ! Et pour prouver à ton peuple que tu m'as bien rencontré, je vais rendre ton bâton capable de prodiges. Comme tu doutes encore, voici deux preuves...

Moïse recule brusquement : sous ses yeux incrédules, le bois se change en serpent puis reprend son aspect normal ; sa main se couvre de lèpre puis redevient saine.

– Comment vais-je pouvoir parler avec Ramsès ? Je ne m'exprime pas bien..., confie Moïse, effrayé par cette mission venue de Dieu.

– Ne t'inquiète pas, tu retrouveras ton frère Aaron au mont Sinaï et il t'aidera. Va, je te dirai comment convaincre Pharaon.

Moïse lève le camp et retourne auprès de Jéthro qu'il parvient à convaincre.

– Emmène Çippora et les enfants si tel est ton désir, mais fais attention, lui conseille son beau-père qui apprend son départ avec une profonde tristesse.

Revenu sans encombre au pied du mont Sinaï, Moïse aperçoit un jeune homme qui lui ressemble tant que le doute n'est pas permis. C'est Aaron !

– Mon frère ! s'écrie-t-il, la voix brisée par des larmes de joie.

Ils se dévisagent sans en croire leurs yeux et tombent dans les bras l'un de l'autre.

– Dieu m'a ordonné de te rejoindre ici, explique Aaron. Maintenant, notre peuple va enfin pouvoir retrouver sa liberté !

Accompagné des siens, Moïse reprend le long chemin qu'il avait emprunté en sens inverse près de vingt ans plus tôt. Après des jours et des jours de marche, ils arrivent devant Pi-Ramsès. Là, Moïse décide de se séparer de sa femme et de ses enfants.

– Retournez à Madian, dit-il. Je serai plus tranquille. Je ne veux pas qu'il vous arrive malheur.

Aaron approuve sa décision d'un signe. Çippora embrasse tendrement son époux :

– Ne t'inquiète pas, nous trouverons sûrement une **caravane** qui nous reconduira jusqu'à Madian.

Caravane : convoi que l'on formait pour traverser des régions dangereuses.

Moïse les regarde disparaître à l'horizon puis, surmontant sa peine, se retourne vers son frère :

– Allons-y.

Ramsès II est réputé pour son autorité, sa grande intelligence et son courage. Acceptera-t-il de recevoir celui qu'il a condamné à mort il y a vingt ans ? Contre toute attente, ce souverain vénéré par tous comme un dieu vivant leur accorde rapidement une audience. Aurait-t-il oublié le crime et la fuite de Moïse ? Sa colère se serait-elle apaisée ? Ou ne serait-il pas plutôt curieux et impatient de revoir cet Hébreu qui fut élevé avec lui comme un frère, partageant tout, son éducation princière, ses jeux, ses chagrins et ses peines, pour devenir enfin un haut dignitaire du royaume...

En découvrant Pi-Ramsès, Moïse et Aaron ne peuvent s'empêcher d'être ébahis par tant de richesses et de beauté. Cet émerveillement est cependant empreint de tristesse : leurs frères esclaves ont tellement souffert pour donner à cette cité son éclat et sa splendeur ! Ils se dirigent vers le palais en se frayant un passage parmi la foule bigarrée qui anime les rues : soldats venus de leurs garnisons pour une permission, marins en escale au port, artisans sortis de leurs échoppes, marchands ambulants, paysans qui viennent ici vendre les fruits de leur travail. Au passage, ils admirent les villas bordées de jardins luxuriants, ainsi que les nombreux temples dédiés aux dieux d'Égypte et à ceux des populations étrangères. Pi-Ramsès est bien cette ville **cosmopolite** dont tout le monde parle, ce carrefour de rencontres et d'échanges.

Soudain, les deux frères se retrouvent devant le palais du souverain ! L'édifice s'élève au nord-ouest de la cité, au milieu des résidences des grands personnages de l'empire. L'émotion les saisit.

Cosmopolite : qui rassemble des personnes venues de pays différents.

Les lourdes portes s'ouvrent sur une vaste salle au sol pavé de tuiles aux couleurs vives et aux murs ornés de fresques et de hiéroglyphes à la gloire de Ramsès II. Les deux visiteurs sentent l'appréhension les gagner au moment où les gardes leur font signe d'avancer. Surmontant leur émotion, ils entrent dans la salle du trône où se tiennent Ramsès II et sa cour. Au bruit de leurs pas résonnant sur le sol pavé, toutes les discussions cessent. Ils s'arrêtent devant le souverain. Un lourd silence s'installe.

Construction d'un mur de brique

Contremaître égyptien

Les esclaves en Égypte ont un statut différent des esclaves grecs ou romains : tout en appartenant à leurs maîtres, ils jouissent de certains droits comme ceux de propriété, de mariage et d'héritage.

La vie des esclaves
Elle était très dure. Ils travaillaient de l'aube au crépuscule avec de rares jours de repos. Il fallait près de 70 hommes pour tirer un bloc de pierre de 2,5 tonnes.

« Il y découvre les Hébreux, s'affairant sans répit et transportant de lourdes pierres ou des briques. »

Les mines
Dans les boyaux creusés dans la roche, l'obscurité était presque totale, la chaleur étouffante et l'oxygène rare. Les parois des carrières étaient attaquées à l'aide de coins de métal puis les minerais extraits avec des pioches.

Turquoise

Les pierres
Elles étaient transportées par le Nil, le plus souvent lors des crues du fleuve, sur des chalands que tractaient des remorqueurs munis de rames.

Les briques
Elles servaient à construire les bâtiments des vivants, la pierre étant réservée aux dieux et aux morts. Elles étaient faites à partir du limon que le Nil déposait lors de ses crues. Cette terre, mélangée à de la paille, prenait forme de briques dans des moules de bois puis séchait au soleil.

Bateliers sur le Nil

Le travail des esclaves
Les esclaves labouraient les champs, ramaient sur les **bateaux**, tiraient, hissaient, halaient les pierres de construction pour bâtir pyramides et temples, extrayaient l'or des mines, fabriquaient des **briques** et entretenaient les temples. Ils étaient surveillés par des **contremaîtres**, sorte de chefs d'équipe, armés de bâtons.

Prisonnier libyen

Les dix plaies d'Égypte

Face aux deux frères, Ramsès II trône sur un magnifique siège d'or surélevé par une estrade ornée de peintures à sa gloire. Tout en lui exprime la puissance et la majesté : la **couronne bleue** dont il est coiffé, le fléau qu'il tient dans la main gauche, le sceptre qu'il serre dans la main droite et, autour de son cou, l'étincelante parure de pierres précieuses. Immobile, il ne manifeste aucun signe de surprise et fixe les deux hommes d'un regard plein de mépris.

Moïse, la gorge serrée, fait un pas en avant et s'exclame soudain d'une voix ferme, la voix de Yahvé :

– Ramsès, laisse mon peuple rejoindre le désert pour rendre un culte à Yahvé.

Un murmure parcourt l'assistance. Comment va réagir Ramsès devant tant d'impertinence ? Le souverain, très calme, lève lentement la main : le brouhaha cesse aussitôt.

– Qui est ce Yahvé dont tu te réclames, Moïse ? Je ne le connais pas, je suis l'élu de **Rê**. Je ne peux

Couronne bleue, ou képresh : le front est orné d'une représentation de cobra femelle.

Rê : appelé aussi Râ, c'est le dieu du Soleil, astre qui permet la vie.

donc pas écouter ce dieu et laisser partir ton peuple.

– Alors, Yahvé enverra la peste, répond Moïse.

Cette menace est loin d'impressionner Ramsès. Non seulement il ne croit pas en ce dieu, mais surtout il sait que les Hébreux représentent une richesse essentielle pour son empire : une main-d'œuvre importante et gratuite qu'il peut déplacer à sa guise.

– Je refuse que mes esclaves quittent leur travail ! hurle-t-il, la voix pleine de fureur.

Autour de lui, les courtisans sont pétrifiés de peur, car les colères de Ramsès sont redoutables. Moïse et Aaron restent pourtant immobiles et muets. Pharaon, perdant patience, bondit de son siège.

– Allez remplir votre corvée ! s'écrie-t-il.

Les deux frères, d'un seul mouvement, le saluent et sortent sous escorte.

Le lendemain, Pharaon convoque les scribes et les fonctionnaires chargés de surveiller les esclaves.

– Ces deux misérables ont cru m'impressionner, s'exclame Ramsès, le visage crispé de fureur. Voilà ce que j'ordonne : jusqu'alors les Hébreux fabriquaient des briques avec la paille qu'on leur fournissait. Désormais, ils devront la ramasser eux-mêmes. Et veillez à ce qu'ils produisent la même quantité de briques qu'auparavant ! Et qu'ils arrêtent de croire tout ce que leur racontent Moïse et son frère. Seuls nos dieux sont tout-puissants. Allez !

La démarche de Moïse et d'Aaron auprès de Pharaon n'a fait qu'aggraver la condition, déjà pénible, de leur peuple. À présent, les Hébreux marchent tout le jour sous la chaleur, à la recherche du chaume, puis ils le hachent et partent ensuite ramasser l'argile sur les berges du fleuve. Quand le travail n'avance pas assez vite, les gardes chargés de surveiller les esclaves n'hésitent pas à les frapper.

Au bout de trois semaines de souffrances, les Hébreux, réunis en assemblée, décident d'envoyer une **ambassade** auprès du souverain pour plaider leur cause.

Ambassade : personne ou groupe de personnes chargées de représenter un individu ou un État auprès d'une autorité.

À Pi-Ramsès, le roi reçoit la délégation et écoute les plaintes, un sourire cruel sur les lèvres. Soudain il se lève :

– Fainéants ! crie-t-il. Vous prétendez me servir fidèlement alors que vous ne pensez qu'à votre Dieu. Allez travailler ou vous mourrez par l'épée !

Les Hébreux, terrorisés, sortent du palais sans oser réagir. Une fois rentrés chez eux, certains pleurent tandis que d'autres laissent éclater leur colère contre Moïse et Aaron :

– Tout est de votre faute ! Vous nous avez entraînés vers le malheur ! Si vous n'aviez pas contrarié Pharaon, nous n'en serions pas là ! À présent, il peut nous faire mourir quand bon lui semble. Yahvé vous jugera !

Sous la lumière vacillante des torches, les mines s'assombrissent. Moïse, sentant sur lui des regards lourds de reproches, s'éloigne. Sur sa petite terrasse, le cœur vide, il scrute le ciel étoilé, ferme les yeux et prie son Dieu.

– Seigneur, dit-il. Ton peuple souffre et tu ne fais rien pour le soulager.

Patriarches : ce sont les ancêtres de Moïse avec lesquels Yahvé a scellé l'alliance. Ils sont au nombre de trois: Abraham, Isaac et Jacob.

Alors la voix de Yahvé retentit à ses oreilles :

– Reprends courage. Je vais démontrer ma puissance et punir le grand pays ! Mon peuple quittera la terre de l'esclavage. J'ai passé une alliance autrefois avec les **patriarches**, mais celle que je vais passer avec vous sera plus grande encore. Rappelle-toi : tu es le premier à qui j'ai révélé mon nom. Va et parle-leur…

Le lendemain matin, avant le départ pour la corvée, les Hébreux se rassemblent au bord du Nil. Là, juché sur un terre-plein, Moïse leur transmet les paroles de Dieu. Mais ils l'écoutent à peine, et, avant même qu'il ait terminé, tout le monde s'est dispersé. Moïse comprend alors qu'il va devoir affronter de nouveau le souverain d'Égypte.

Est-ce par ruse que Ramsès a accepté de recevoir une deuxième fois Moïse et Aaron ? Ou s'amuse-t-il simplement de cette nouvelle confrontation ? Quand les deux frères se présentent devant lui, il les regarde froidement s'avancer vers lui, du haut de son trône, la mine hautaine.

– Que voulez-vous, Hébreux ? demande-t-il. Si vous espérez quitter mon pays, vous faites fausse route. Vous ne partirez pas d'ici vivants !

Les deux frères, pétrifiés, ne savent que dire.

– ... À moins que vous ne me prouviez que votre Dieu est tout-puissant, reprend Pharaon d'une voix forte. Faites un miracle !

Alors Aaron brandit son bâton et le jette au sol. Le bois devient souple, se tord et se transforme en serpent. Des hurlements de peur retentissent à la vue du reptile.

– Le miracle ! s'exclament les courtisans.

Ramsès, stupéfait, lève la main. À ce signal, ses magiciens s'avancent, leurs **amulettes** autour du cou. Ils prononcent les paroles secrètes, invoquant

Amulette : objet, par exemple une figurine, que l'on garde sur soi et qui protège contre le malheur.

les dieux de l'Égypte, et le silence se fait. Soudain, leurs bâtons se changent aussi en serpents ! Ramsès éclate de rire mais son cœur s'est endurci, ainsi que l'avait prédit Yahvé.

– Revenez me voir quand votre Dieu aura réussi un miracle plus grand encore, conclut-il, sa curiosité piquée à vif par cette compétition. Mais ne vous faites aucune illusion : les Hébreux ne sortiront pas d'Égypte.

Le lendemain, Moïse et Aaron, guidés par la voix de Yahvé, reviennent trouver le roi à l'heure où celui-ci se rend au bord du Nil. De lourds nuages dessinent d'étranges formes dans le ciel. L'eau frémit sous l'effet du vent.

Ramsès est entouré de ses serviteurs et de ses magiciens.

– Que venez-vous faire ici ? demande-t-il.

– Libère notre peuple ! répond Aaron.

– Non !

– Alors j'étends ce bâton sur les eaux d'Égypte.

Aussitôt, l'eau du Nil se change en sang. Une puanteur insupportable s'en échappe. Les poissons flottent à la surface, ventre à l'air. Morts ! Fleuves, canaux, marais et réservoirs, toutes les eaux du royaume deviennent du sang. Paysans et animaux, dévorés par une soif soudaine, se mettent à dépérir tandis que la nature tout entière se dessèche et que la terre se fissure.

Ramsès en appelle à ses magiciens qui, par leurs formules et leurs incantations, achèvent de répandre le sang.

– Pourquoi vous laisserais-je partir alors que mes magiciens sont aussi forts que votre Dieu ? clame le souverain. Retournez au travail !

Une semaine plus tard, le Nil a retrouvé son aspect habituel. Ramsès n'ayant toujours pas cédé, Moïse et Aaron le rencontrent une nouvelle fois.

– Libère mon peuple ou les grenouilles envahiront le pays, lui dit Moïse.

Le souverain refuse. Alors Aaron brandit son bâton et frappe de nouveau le Nil : des millions de grenouilles jaillissent du fleuve, des canaux, de la moindre source et envahissent temples, pyramides, maisons, palais ! Elles boivent la bière et le vin, piétinent le grain, gâtent le pain des paysans. Ramsès se voit alors contraint de libérer les Hébreux dès le lendemain, mettant ainsi fin à ce fléau.

Cependant, une fois rassuré, Pharaon revient sur sa promesse.

Alors Aaron, sur l'ordre de Moïse, touche la poussière du sol. Cette fois, des nuées de moustiques s'abattent sur le grand pays. Ils piquent les hommes qui se tordent de douleur, et les bêtes qui en oublient de manger.

Les magiciens égyptiens se regardent sans mot dire et ne peuvent qu'avouer leur impuissance.

– C'est le doigt de Yahvé, disent-ils à Ramsès.

Puis ce sont des millions de taons qui s'abattent sur l'Égypte et sucent le sang des hommes et des animaux. Pharaon se voit une nouvelle fois contraint de libérer les Hébreux mais, de nouveau, il revient sur sa parole.

Les fléaux s'aggravent encore : les troupeaux des Égyptiens sont touchés par une peste mystérieuse qui les couvre de bubons infects d'où coule un liquide nauséabond. Ânes et chevaux, chameaux, bœufs et volatiles meurent par centaines. Seuls les troupeaux des Hébreux sont épargnés.

Et plus Pharaon s'entête dans son refus de libérer les Hébreux, plus les plaies s'aggravent.

Suie : noir de fumée mélé d'impuretés.

Bientôt, c'est la **suie** d'un fourneau qui se répand sur le pays, recouvrant les Égyptiens et leurs animaux d'éruptions bourgeonnant en pustules douloureuses. Les magiciens eux-mêmes ne peuvent se présenter devant le souverain car ils sont défigurés, méconnaissables, le visage et le corps ravagés par ce mal répugnant.

Mais Pharaon refuse toujours d'écouter Moïse et Aaron.

Bientôt c'est une grêle d'une violence inouïe qui fond sur le pays. Des éclairs déchirent le ciel, la foudre tonne. Les arbres sont arrachés, les cultures de lin et d'orge, ravagées. Les imprudents qui n'ont pas voulu

s'abriter sont tués par les grêlons. Seule la contrée où résident les Hébreux est épargnée par cette calamité.

Pour la septième fois, Ramsès promet la libération des Hébreux. Il convoque les deux frères, reconnaît la puissance de Yahvé et, aussitôt, la grêle cesse de tomber, sauvant de justesse les jeunes pousses de froment et d'**épeautre**.

Épeautre : variété de blé qui se cultive bien sur les terrains pauvres. Il se cuisine comme le riz.

Mais, pour la septième fois, Pharaon trahit sa promesse et reprend sa parole !

Aussitôt des nuées de sauterelles dévorent le peu de végétation qui avait échappé à la grêle. L'herbe, les fruits, toute la végétation est grignotée sans pitié. Les sauterelles envahissent tout : les palais, les demeures des courtisans et celles de tous les Égyptiens. Les enfants pleurent, les femmes crient leur désespoir, les hommes se lamentent. Au palais, les courtisans tentent de convaincre Ramsès de laisser partir les Hébreux. Celui-ci décide alors de se rendre à la requête de Moïse. Les sauterelles disparaissent, emportées par un vent violent.

Mais Ramsès se rétracte de nouveau : les Hébreux resteront ses esclaves !

Alors tombent les ténèbres. Pendant trois jours, l'Égypte est plongée dans l'obscurité la plus totale, tandis que seules les maisons des Hébreux restent éclairées. Les Égyptiens ne voient pas à un mètre devant eux, buttent les uns contre les autres, se blessent tandis que le lait de leurs vaches tourne et que leurs veaux gémissent, affamés : l'Égypte court à sa ruine. Ramsès promet puis change une nouvelle fois d'avis. Mais Yahvé, lassé de ses mensonges, décide d'envoyer la dixième plaie, la plus effrayante, la plus terrible.

Yahvé dit à Moïse :

– Que chaque famille de mon peuple prenne un animal sur le troupeau, mouton ou chèvre, et l'égorge. Elles se serviront de son sang pour marquer le linteau et les montants de la porte de leur maison. Puis ils mangeront la

Azyme : pain sans levain que les juifs mangent tous les ans au cours de la Pâque pour se remémorer cet épisode de leur histoire.
Pâque : mot qui pourrait venir de de l'hébreu *pasah* qui signifie «passage» et aurait donné à son tour Pessah (Pâque).

chair rôtie avec des **azymes** et des herbes amères, sans rien conserver pour le lendemain. Ils mangeront en hâte, sandales aux pieds et un bâton à la main. C'est une **Pâque** en mon honneur. Cette nuit-là, je parcourrai le pays d'Égypte et frapperai tous les premiers-nés, hommes ou bétail. Les marques de sang sur vos maisons vous préserveront et vous échapperez ainsi à ce fléau destructeur. Ce jour-là sera décrété jour de fête à jamais.

Au cours de la nuit, dans chaque famille égyptienne, dans chaque troupeau de bétail appartenant aux Égyptiens, les premiers-nés trouvent la mort. Même le fils de Ramsès, celui qui devait lui succéder, succombe. Même les fils des courtisans et ceux des magiciens ne peuvent échapper au châtiment divin. Lorsque les Égyptiens se réveillent, partout règne la désolation. Une immense clameur de tristesse et de peur s'élève d'Égypte, un cri de désespoir qui reconnaît enfin le pouvoir de Yahvé. Ramsès, terrassé par la douleur, ne peut plus se dérober. Il se décide à convoquer Moïse.

– Vous pouvez partir, dit-il, partagé entre la colère, la peine et la résignation. Allez servir votre Dieu ailleurs.

Dans la ville des Hébreux, la joie est immense. Chaque famille rassemble en hâte ses affaires, emportant avec elle la pâte à pain qui n'a pas eu le temps de lever et le bétail.

Les Hébreux peuvent quitter l'Égypte : ils sont libres ! Hommes, femmes et enfants, tous se mettent en marche en direction de l'est, vers la péninsule du Sinaï, vers la mer des Roseaux.

En Égypte, la magie **tient une grande place et, à la cour de Pharaon, les magiciens sont d'importants personnages.**
Les rituels magiques font ainsi partie de la vie de tous les jours et servent à se défendre contre les dangers de toute sorte. La médecine, qui s'attaque aux manifestations du mal, est étroitement associée à la magie.

Les amulettes
Elles ont chacune un rôle précis. Ainsi, elles servent à protéger le corps d'un vivant qui peut être menacé par un mauvais esprit, ou celui d'un mort qu'elles accompagnent dans l'éternité.

Les figurines
Contre les menaces d'autres peuples, les magiciens réalisent des figurines portant le nom de l'ennemi. Ils leur font subir toutes sortes de mauvais traitements afin de porter le malheur.

Le magicien
Il intervient en cas de maladie en utilisant des formules magiques pour transférer le mal dans le corps d'un animal.

Les statues
Ornées d'inscriptions, elles sont destinées à éloigner les animaux dangereux, comme les lions, et sont installées dans des lieux pulics, par exemple dans la partie des temples où officient des **prêtres** médecins.

Prêtre

« Ils prononcent les paroles secrètes, invoquant les dieux de l'Égypte, et le silence se fait. »

Œil d'Horus, amulette

Livre des morts, papyrus de Nebqed. Formule magique pour se transformer en phénix

Statue d'Isis, la déesse de la magie

Amulette

Les incantations
De nombreux **papyrus** recèlent des prières que l'on récitait par exemple pour arrêter une crue du Nil, ou guérir d'une brûlure.

Écriture et parole
Les mots sont l'instrument du pouvoir magique. Ainsi, les hiéroglyphes qui représentent des bêtes féroces étaient parfois amputés afin de les empêcher de prendre vie. Ou encore, pour qu'un vœu se réalise, on avalait un papyrus trempé dans de l'eau où étaient inscrits des sorts.

Le Livre des morts
Parmi les objets déposés dans la tombe, le Livre des morts, recueil de textes, d'hymnes et de formules magiques, était censé assurer la survie du défunt dans l'autre monde et le protéger des génies malfaisants qui pouvaient lui nuire.

Vers le mont Sinaï

À présent, les Hébreux forment une immense colonne de plusieurs milliers de personnes qui avance sous l'ardent soleil d'Égypte. Moïse marche à leur tête.

La progression est pénible : les hommes ont chaud, leurs pieds, chaussés de sandales, heurtent les racines, et les armes qu'ils ont cachées dans les balluchons meurtrissent leur dos. Parfois, des pleurs d'enfants fatigués s'élèvent de la colonne, ou les plaintes d'un vieillard épuisé soutenu par ses fils. Le soir, la végétation du delta du Nil leur permet de confectionner des nattes de roseaux sur lesquelles s'étendent les femmes enceintes. Pourtant, les Hébreux poursuivent inlassablement leur marche vers l'est et la **Terre promise**.

Moïse sait que la route jusqu'à Canaan sera difficile. Certains d'entre eux y laisseront peut-être la vie. Mais il sait aussi que Dieu veille sur eux. Le jour, il les guide au moyen d'une **nuée** ; la nuit, lorsqu'ils trouvent encore la force d'avancer, une colonne de feu leur montre le chemin.

Arrivés à **Soukkot**, les Hébreux dressent le campement pour y passer la nuit. Alors que tous

Terre promise : autre expression pour désigner le pays de Canaan, terre promise par Dieu à son peuple.
Nuée : la nuée est le signe de la protection de Dieu, mais aussi de son mystère, elle ne peut donc pas être décrite avec précision.
Soukkot : ce mot («huttes» en hébreu) désigne aussi la fête qui, dans la religion juive, célèbre l'errance des Hébreux dans le désert, la fête des Tentes.

dorment d'un profond sommeil, Moïse contemple la péninsule du Sinaï qui s'étend au loin, de l'autre côté du long ruban de lacs et de marécages qui relie la Méditerranée, au nord, à la mer Rouge, au sud. La brise du soir fait ployer les joncs qui émergent çà et là. Alors la voix de Dieu retentit :

– Conduis le peuple au sud, vers la mer des Roseaux et la péninsule du Sinaï. Pharaon croira que vous vous êtes perdus. Je te promets ma protection.

– Et comment allons-nous franchir la mer des Roseaux ? demande Moïse.

Mais Yahvé s'est tu.

Le lendemain les Hébreux marchent jusqu'à la mer des

Roseaux. Ils se voient alors contraints de s'arrêter : il leur faudrait des centaines de barques pour passer sur l'autre rive et gagner le Sinaï ! Soudain, Moïse leur impose le silence :

– Écoutez ! Les oiseaux ont cessé de chanter.

Au loin retentit le bruit sourd d'une furieuse cavalcade. Le sol se met à trembler et l'horizon s'emplit de chevaux fonçant à bride abattue.

– Les Égyptiens ! Rendons-nous sans attendre ou nous allons tous mourir, s'écrient les Hébreux, terrorisés.

Regrettant une nouvelle fois sa promesse, Pharaon a rassemblé six cents de ses plus grands chars, ses meilleurs officiers et sa cavalerie d'élite. Pris de panique, les Hébreux, tentant de prendre la fuite, se dispersent dans toutes les directions. Yahvé dit alors à Moïse :

– Lève ton bâton, étends ta main sur la mer et fends-la en deux afin que mon peuple puisse pénétrer à pied sec dans son lit !

Moïse lève son bâton sur les eaux et soudain la mer des Roseaux s'écarte. Au même moment, une nuée s'abat devant les Égyptiens, les freine dans leur poursuite, et plonge le paysage tout entier dans les ténèbres. Les Hébreux, guidés dans l'obscurité par une colonne de feu, s'engagent dans l'étroit passage qui apparaît devant eux, longé de chaque côté par un mur d'eau bouillonnante.

Malgré l'obscurité, les chars égyptiens se rapprochent dangereusement. Mais leurs roues s'enfoncent dans le sol humide, si bien qu'à l'aube ils aperçoivent la longue colonne des Hébreux qui s'étire au loin, sur l'autre rive.

Moïse touche le premier la terre ferme de la péninsule du Sinaï. Il est suivi par tous les membres de son peuple. Lorsque le dernier est passé, Moïse étend son bras vers la mer qui se referme, engloutissant la redoutable armée égyptienne sous des flots déchaînés.

Les Hébreux sont sauvés !

Pharaon, resté à l'arrière avec une petite troupe, constate le désastre depuis la rive : le Dieu de ces maudits esclaves a eu raison de sa puissance...

Après avoir loué en chantant ce Dieu qui les avait

sauvés, les Hébreux rassemblent leurs affaires et se mettent à nouveau en marche. Ils évitent la route qui longe la côte vers la Terre promise car les Égyptiens la surveillent encore. Moïse décide d'aller au sud, vers les montagnes. C'est un choix risqué car l'eau et la nourriture y sont rares.

– Ne t'inquiète pas, dit-il pour rassurer Aaron. Je connais la piste que nous allons prendre. Je l'ai déjà suivie en partant pour Madian…

Après une longue marche, les Hébreux pénètrent dans le désert de Shur, situé entre le golfe d'Aqaba et les montagnes. Assoiffés, ils arrivent au bout de trois jours à la source de Mara. Un nouveau malheur les y attend : l'eau est souillée ! Alors, devant son peuple médusé, Moïse étend son bâton vers la source qui aussitôt devient pure.

– Si vous restez fidèles à Yahvé, vous ne manquerez jamais de rien, prévient-il.

Les Hébreux poursuivent leur route jusqu'à l'oasis d'Élim, riche de douze sources et de soixante-dix magnifiques palmiers. C'est une halte bienvenue : l'eau, les dattes et quelques animaux rassasient les estomacs vides.

Mais il faut de nouveau repartir vers le désert de Sîn. La sécheresse, ajoutée à l'absence de nourriture, fait naître le doute et l'inquiétude. Un mois et demi de privations et d'errance finit par déclencher la réaction que redoutaient Moïse et Aaron. Des représentants du peuple viennent leur adresser des reproches.

– Au pays de Pharaon, nous étions esclaves, disent-ils. Mais au moins nous avions de quoi boire et manger !

– Patientez jusqu'à demain, et vous serez satisfaits, répond Moïse, sûr de lui.

Au matin, à l'heure où tombe la rosée, les Hébreux découvrent, recouvrant le sol, une mince couche blanche et granuleuse. Intrigués par cette nourriture mystérieuse et indéfinissable, ils hésitent à la goûter.

– Allez-y, leur dit Moïse. C'est le pain que Yahvé vous envoie. Il en fera de même tous les matins jusqu'à ce que nous arrivions en Canaan. Recueillez-en chacun selon vos besoins, pour les membres de votre famille et ceux qui partagent vos tentes.

Les Hébreux nommèrent cette nourriture miraculeuse la manne. Elle avait un goût de miel et nombreux furent ceux qui en firent des galettes.

Les Hébreux continuent leur marche vers le sud. Bientôt l'eau vient à manquer. Au lieu appelé Réphidim, au pied du mont Sinaï, la colère du peuple hébreu éclate de nouveau. Elle est si violente que Moïse craint d'être **lapidé**. Désemparé, il demande secours à Dieu.

Lapider : tuer à coups de pierres.

– Prends ton bâton et frappe ce rocher, s'entend-il répondre.

Il obéit et aussitôt l'eau jaillit de la pierre ! Hommes et bêtes se précipitent. Mais soudain, un cri retentit.

– Alerte ! Alerte ! hurle une sentinelle placée sur une butte.

Les Hébreux se figent, terrorisés. Ils tendent l'oreille : des pas grondent et leur bruit se répercute en écho dans les montagnes. Les Amalécites, ces pillards du désert, s'avancent vers eux, prêts à les attaquer pour les dépouiller de tous leurs biens.

Ils sortent les armes de leurs balluchons. Sur l'ordre de Moïse, Josué, connu pour son courage, improvise une défense en rassemblant des hommes prêts à affronter l'assaut ennemi.

Le choc entre les adversaires est effroyable. Le premier rang des Hébreux est enfoncé et des corps tombent sur le sol, tandis que les Amalécites continuent d'avancer en hurlant. Josué crie ses ordres tandis que Moïse, accompagné d'Aaron et de Hur, monte sur la plus proche colline et entre en prière.

Tant que Moïse garde ses bras levés, l'agresseur recule, mais dès qu'il les laisse retomber, la victoire semble revenir aux brigands. Mais les bras de Moïse s'engourdissent, et Aaron et Hur le soutiennent pour qu'il les garde tendus vers le ciel, jusqu'au coucher du soleil. Les Amalécites sont finalement décimés et les Hébreux, victorieux !

Les jours suivants, chacun panse de son mieux ses blessures. À la fierté de s'être bien battu, s'ajoute la certitude que leur force réside dans leur unité et surtout dans leur foi en Yahvé. Soudain, Moïse apprend que sa femme Çippora, ses deux fils et son beau-père Jéthro sont en route vers son campement. Aussitôt, il se porte à leur rencontre et, à la vue de ces quatre silhouettes familières, se précipite pour serrer dans ses bras sa famille venue le rejoindre pour partager avec lui la formidable aventure qui s'annonce.

<u>CERTAINES FÊTES</u> que les juifs pratiquent encore de nos jours sont liées à des péripéties qui jalonnent l'exode des Hébreux. La religion juive, le judaïsme, attribue à ces fêtes des origines religieuses et sacrées. Mais elles viennent aussi d'une très ancienne tradition agricole, lorsque les Hébreux, à moitié nomades, pratiquaient des rites liés à l'agriculture. Ces rites sont encore évoqués lors des célébrations.

Juifs en prière, agitant des bouquets de palme lors de la fête de Soukhot

Sabbat, ou shabbat

Il est lié à plusieurs événements, dont la libération de l'esclavage en Égypte. Il est cité dans les dix commandements. C'est un jour voué à Dieu. Il débute le vendredi au coucher du soleil et s'achève le samedi au même moment. Ce jour est entouré d'interdits, dont celui de travailler.

Soukhot

Également appelée fête des Tentes, ou des Tabernacles. Elle commémore le séjour des Hébreux dans le désert, lorsqu'ils vivaient sous la tente (le mot «tabernacle» désigne ces tentes, mais aussi celle de l'Arche d'alliance). Elle se déroule en automne. On bâtit alors une hutte faite de branchages et de feuilles, où l'on mange si le temps le permet. Il est d'usage d'acheter des **bouquets de palme**, de rameaux de saule, de myrte et de cédrat que l'on agite lors des prières.

Repas de Pessah

« Arrivés à Soukkot, les Hébreux dressent le campement pour y passer la nuit. »

Plat utilisé pour le repas rituel de la Pâque, le seder.

Chavouot
La fête de Chavouot, ou fête des Semaines, ou Pentecôte, a lieu cinquante jours après la Pâque (en grec, pentecôte signifie « cinquantième »). Elle commémore le don de la Loi que Moïse reçut sur le mont Sinaï. On offre de la farine, des pains ou des paniers de fruits, pour célébrer aussi la fête des moissons qui, il y a longtemps, remerciait la nature généreuse.

Pain azyme

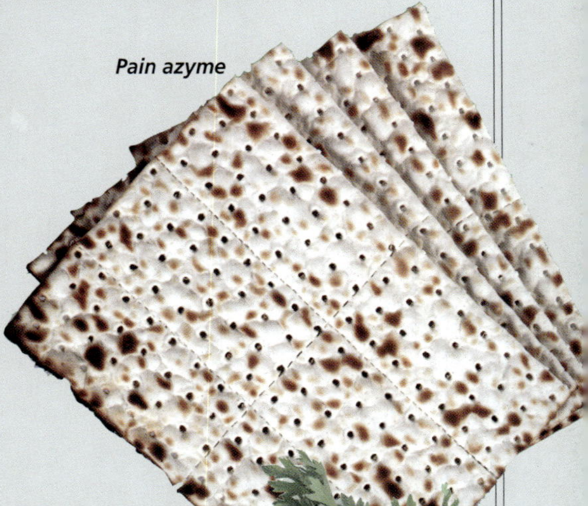

Persil, céleri

Pessah
Cette fête commémore la dixième plaie d'Égypte et la libération des Hébreux : pour forcer Pharaon à laisser partir son peuple, Dieu envoie la mort prendre les premiers-nés de chaque famille d'Égypte. Il dit aux Hébreux de marquer leur porte avec le sang d'un agneau afin que la mort «passe » mais les épargne. Le mot Pâque viendrait de l'hébreu *pessah*, « passage ». Lors de cette fête, on mange un agneau, du **pain azyme** (qui symbolise le pain qui n'a pu lever car les Hébreux partirent à la hâte), ainsi que des **herbes amères (persil, céleri et raifort)**, en souvenir de leur condition d'esclaves. Lors du repas pascal, le seder, le chef de famille relate le récit de la sortie d'Égypte.

Les dix commandements

Trois mois ont passé depuis la fuite d'Égypte. Pi-Ramsès n'est plus qu'un mauvais souvenir, l'armée de Pharaon a été anéantie et les Amalécites, vaincus. À présent, les Hébreux campent au pied du mont Sinaï et semblent peu à peu s'habituer aux difficiles conditions de vie dans le désert. Ils ont dressé des tentes de fortune, se nourrissent de la manne qu'ils recueillent chaque jour et veillent le soir, rassemblés en cercle autour de Moïse tandis que des sentinelles gardent le camp. Ils apprécient enfin la liberté que Yahvé leur a rendue. Surtout, ils reprennent des forces car, bientôt, il leur faudra se remettre en marche et traverser les paysages arides qu'ils aperçoivent à l'horizon...

Un jour, à l'aurore, Moïse se réveille brusquement. Il sent une force mystérieuse l'envahir, celle de Yahvé, et réclamer sa présence au sommet du Sinaï. Il se met en route, gravissant la pente avec difficulté, trébuchant sur les roches qui encombrent le chemin, s'arrêtant parfois pour reprendre son souffle. À peine est-il parvenu au sommet que Dieu prend la parole :

– Je vous ai tous conduits jusqu'ici. Convoque les tiens. Tous les peuples sont à moi car la Terre est à moi. Mais dis-leur qu'ils sont désormais le peuple que j'ai élu, à condition qu'ils m'écoutent et respectent l'**alliance** que je vais annoncer.

Alliance : union de deux parties qui s'engagent l'une et l'autre à en respecter les règles.

Moïse regagne le camp, rassemble les Hébreux et leur fait part du message de Yahvé. Ils s'exclament d'une seule voix :

– Nous obéirons à Yahvé ! Il nous a libérés de l'esclavage, tu es son messager, nous croyons en ta parole.

Alors Moïse remonte au sommet du Sinaï et Yahvé s'adresse de nouveau à lui :

– Je vais me manifester après-demain, afin que le peuple m'entende te parler et te croie à jamais. Mais pour cela, le peuple doit se purifier, laver ses vêtements et se tenir prêt. Tu délimiteras le pourtour de la montagne et donneras à tous cet avertissement : que personne ne gravisse cette montagne ni même ne la touche sous peine de mort !

Moïse rejoint les Hébreux et leur demande de se préparer. Ils lavent aussitôt leurs vêtements. L'attente commence, l'inquiétude envahissant peu à peu les esprits. Enfin, au jour prévu, des éclairs assourdissants déchirent le ciel du matin et les nuages s'assombrissent. Les Hébreux tremblent de peur. Moïse les conduit au pied de la montagne. Devant eux, le Sinaï, agité de secousses terribles, ressemble à un volcan en éruption. Un feu terrifiant apparaît au sommet : c'est Yahvé.

Moïse gagne alors le haut de la montagne pour rejoindre Yahvé qui s'adresse à lui au milieu du tonnerre.

En bas, le peuple assiste à ce dialogue merveilleux sans pouvoir entendre la moindre parole. Le bruit est assourdissant, le ciel envahi de lueurs aveuglantes et l'air obscurci d'un brouillard impénétrable.

Une fois Moïse redescendu de la montagne, Yahvé s'adresse aux Hébreux. Le son d'une trompe accompagne sa voix qui proclame le **Décalogue** :

– Mon peuple, je t'ai libéré de l'esclavage. Voici les dix règles que tu devras respecter, sous peine de subir ma colère :

Tu n'auras pas d'autre Dieu que moi.

Tu ne me représenteras pas sous forme d'images.

Tu ne **blasphémeras** pas.

Tu respecteras le jour du Seigneur.

Tu honoreras ton père et ta mère.

Tu ne tueras pas.

Tu ne commettras pas d'adultère.

Tu ne voleras pas.

Tu ne porteras pas de faux témoignage contre ton prochain.

Tu ne convoiteras pas le bien d'autrui.

Décalogue : ce mot, qui signifie « dix paroles », est parfois interprété par « dix commandements ».
Blasphémer : prononcer des paroles qui insultent un Dieu ou une religion.

Les Hébreux, emplis de crainte, se tiennent à distance de la montagne et regardent se manifester sous leurs yeux la toute-puissance divine.

Moïse fait encore une fois l'ascension du Sinaï et reçoit de Yahvé le code de l'alliance qui précise les sanctions prévues en cas de crime, ou encore l'assistance à fournir aux pauvres. Tous se doivent de respecter ces lois. À son retour, il répète à son peuple les mots de Yahvé :

– Nous jurons de lui obéir ! s'exclament les Hébreux.

Autel : on louait Dieu en plein air, en général sur une pierre posée sur un socle. On y sacrifiait les animaux.

Le jour même, Moïse met tout cela par écrit. Il installe un **autel** en l'honneur de Yahvé et fait

sacrifier de jeunes taureaux prélevés sur le petit troupeau amené d'Égypte en signe d'alliance éternelle entre Dieu et son peuple.

Cependant, Yahvé entend laisser une trace encore plus prestigieuse de son attachement aux Hébreux. Sur son ordre, Moïse le retrouve une nouvelle fois sur le Sinaï et découvre deux tables de pierre sur lesquelles le doigt de Yahvé a gravé le Décalogue et le code.

Moïse va rester quarante jours et quarante nuits au sommet du mont Sinaï. Durant la première semaine, une sorte de nuage mystérieux couvre la montagne. Yahvé transmet ensuite d'autres consignes décrivant la tente qui lui servira de demeure, l'**arche** qui contiendra les tables et les règles de son culte. Mais, pendant ce temps, les Hébreux s'impatientent et se plaignent à Aaron :

– Que fait ton frère ? Lui est-il arrivé malheur ? Nous ne pouvons plus l'attendre. Nous avons besoin d'être rassurés. Allez, fabrique-nous une image de Dieu !

Désobéissant à l'interdiction de représenter Yahvé, Aaron accorde ce qu'on lui demande. Au fond de son cœur, il sait qu'il commet une faute grave, mais il est, lui aussi, gagné par le doute, et sa fermeté est affaiblie par les vives récriminations des Hébreux. Que feront-ils si Moïse, leur guide, ne revient pas ? Dieu a-t-il décidé de les abandonner, laissant son frère au sommet de la montagne, épuisé par les efforts de ses nombreuses ascensions ?

Pour construire l'**idole**, chacun se défait de ses objets en or. Le métal, fondu dans un moule, donne forme à un veau auquel Aaron construit un autel. Le lendemain, les Hébreux offrent des sacrifices à la statue, se mettent à manger et à boire, à faire la fête. Un véritable **sacrilège** !

Arche : mot venant du latin *arca*, qui signifie « coffre »
Idole : statue ou tout autre objet représentant un dieu qui devient ainsi réel et peut être loué.
Sacrilège : manquer de respect envers ce qui est sacré, par exemple un objet ou un lieu (ici le mont Sinaï où Dieu s'est montré à Moïse).

Quand Moïse redescend enfin du mont Sinaï, avec les deux tables de pierre, il découvre son peuple festoyant autour du veau d'or. Sa déception est immense. Il est horrifié de voir ses frères idolâtrer une statue. Yahvé, furieux

de cette trahison, décide de tous les exterminer. Il n'épargnera que son serviteur qui, courageusement, tente malgré tout d'adoucir sa colère.

– Pourquoi tuerais-tu des femmes et des hommes que tu as sortis d'Égypte avec tant d'éclat et de puissance ? Les Égyptiens se moqueront de ce Dieu qui libère un peuple pour mieux l'anéantir.

Yahvé se ravise, mais c'est alors Moïse qui explose de colère. Il lève les bras et, devant les Hébreux ébahis, jette les tables sur le sol rocailleux. Elles se fracassent en mille morceaux : l'alliance avec Dieu semble rompue à jamais.

– Mon frère, pourquoi as-tu permis une chose pareille ? reproche-t-il violemment à Aaron qui baisse la tête, honteux d'avoir douté de Yahvé.

Moïse s'empare ensuite du veau d'or et le livre aux flammes. Le métal fondu est réduit en poudre qu'il mélange à de l'eau. Chaque Hébreu boit de cette mixture, en signe de repentir, et se débarrasse à jamais du moindre bijou.

Mais Yahvé témoigne une nouvelle fois de sa bonté envers les Hébreux. Sur le mont Sinaï, il remet à Moïse deux nouvelles tables de pierre sur lesquelles celui-ci

grave de sa main le texte qui était inscrit sur les précédentes. Il rappelle les dix commandements, renouvelle l'alliance et précise de nouveau comment sa demeure devra être construite. Une relation étroite, faite de confiance et d'amour, se renoue entre lui et son peuple.

Plusieurs mois sont nécessaires pour mener à bien la construction de la demeure divine. Il faut des matériaux précis, souvent difficiles à rassembler. Ainsi, l'arche d'alliance, qui doit renfermer les tables de la loi, est faite d'**acacia** et entièrement recouverte d'or, à l'extérieur comme à l'intérieur. Ses mesures exactes, consignées par Moïse, sont soigneusement respectées, et deux barres, passées dans des anneaux, permettent de la transporter.

Acacia : arbre dont certaines espèces supportent très bien les dures conditions du désert.

La tente, située hors du camp, est confectionnée avec des tissus précieux. Elle se compose de deux parties séparées par un rideau de **pourpre** : le Saint où se déroulent les cérémonies, et le Saint des Saints, la partie la plus sacrée, qui abrite l'arche. Les Hébreux ne ménagent pas leur peine et construisent aussi un autel en acacia, des ustensiles en bronze pour les sacrifices, et un chandelier d'or à sept branches, orné de motifs de fleurs. Les prêtres chargés des cérémonies, dont Aaron, devenu grand prêtre, reçoivent de somptueux vêtements. Autant de merveilles qui arrachent aux Hébreux des cris de joie, d'admiration et de respect. Ils chantent des **louanges** à ce Dieu qui les a élus parmi tant d'autres peuples.

Pourpre : tissu précieux, teint avec la pourpre, matière très rouge qui vient d'un mollusque appelé murex. C'est un symbole de puissance et de richesse.
Louange : marque d'admiration et de respect.
Sanctuaire : lieu, édifice ou partie d'un édifice voué à ce qui est le plus saint.

Un an jour pour jour après le départ d'Égypte, Moïse demande aux prêtres de se purifier avant de revêtir leurs atours. Il leur verse de l'huile sur la tête pour signifier que leur charge prend effet, comme cela est l'usage lorsque quelqu'un est appelé à de hautes fonctions. Puis, dans la tente, il allume de l'encens et procède à un sacrifice sur l'autel placé à l'entrée, obéissant ainsi scrupuleusement aux ordres donnés par Yahvé. Enfin, le **sanctuaire** est prêt pour accueillir Yahvé. Et le soir même, chacun peut constater qu'il y réside car un feu en illumine l'intérieur...

Le lendemain de ce jour sacré, au matin, les Hébreux se rassemblent, démontent le camp, et se mettent en route, formant une longue colonne que précèdent les prêtres qui portent l'arche. Moïse donne le signal d'une main assurée. Sa mission est en partie remplie : les Hébreux se dirigent vers la Terre promise.

Sacrifice d'un taureau en Égypte

<u>LE TAUREAU</u> est, au temps de Moïse, plus qu'un animal. Il est le symbole de la force et de l'orage mais aussi de la fécondité et de la fertilité de la terre. Aussi l'épisode du veau d'or semble faire référence à deux cultes importants : celui du taureau Apis égyptien et celui du dieu Baal du Proche-Orient.

Les trois taureaux
Parmi les taureaux sacrés des Égyptiens, les trois principaux sont Apis, Boukhis (siège de Mentou, dieu de la guerre), blanc à tête noire, et Mnèvis (Rê Atoum), à robe noire ou claire.

> « Le métal, fondu dans un moule, donne forme à un veau auquel Aaron construit un autel. »

Le culte du taureau en Égypte
Le taureau est considéré comme la manifestation vivante d'un dieu. Il fait l'objet d'un culte constant et passe une vie tranquille dans un temple. À sa mort, il est embaumé, placé dans un somptueux sarcophage, puis enseveli en grande pompe dans un tombeau. Après les soixante-dix jours de deuil, les prêtres cherchent son successeur.

Le dieu Baal
Au Proche-Orient, et surtout en Canaan, le dieu Baal (mot qui signifie «seigneur», «maître») est adoré sous plusieurs noms différents. Il est souvent assimilé au taureau, car il représente la pluie et l'orage, la terre et la rosée, c'est-à-dire ce qui contribue à rendre le sol fertile, et donc l'agriculture. D'après la légende, tous les sept ans, il doit se battre avec Mot, dieu de la mort et de la guerre : s'il gagne, la fertilité est assurée ; s'il perd, son adversaire répand la sécheresse jusqu'au combat suivant.

Baal

Taureau Apis

Le taureau Apis
Il est honoré dans toute l'Égypte et possède une robe noire comportant deux taches blanches : un triangle sur le front, et, sur le dos, un rapace dont les ailes sont déployées. On vient le voir lors de ses promenades et la moindre de ses attitudes est interprétée comme une présage. Apis est aussi associé à Rê, dieu-soleil, et Osiris.

Le doute et le châtiment

Il faut imaginer la rudesse du désert, les vents qui se lèvent, enveloppant hommes, femmes et enfants de poussière, ou la faim que seule la manne parvient à calmer. Mais les Hébreux marchent. Comme auparavant, Yahvé se signale toujours par la nuée, un feu la nuit, un nuage le jour. Quand la nuée s'élève, le peuple sait qu'il doit se remettre en route, au son des trompettes d'argent, ainsi que Yahvé l'a commandé à Moïse. Quand elle s'arrête, les Hébreux campent jusqu'à ce qu'elle s'élève à nouveau.

Mais, trois jours après avoir quitté le mont Sinaï, ils se lamentent déjà contre Yahvé, parfois en termes violents. La fatigue et la lassitude provoquées par leurs longs mois d'errance depuis le départ d'Égypte commencent à produire leur effet lorsqu'ils parviennent au lieu dit Tabeéra.

– Que fait ce Dieu qui ne sait que donner des ordres ! s'exclame un jeune homme.

Il est interrompu par des cris.

– Au feu ! Au feu ! hurle une femme.

À l'autre bout du camp, les habitations de toile sont en flammes. Dieu vient de châtier les rebelles. Moïse, réagissant vite, plaide en faveur de ses frères. L'incendie s'éteint aussitôt. Une rumeur de peur laisse place à l'agitation qui régnait une minute auparavant. Yahvé est donc plus puissant qu'ils ne le croyaient… L'avertissement n'est pourtant pas suffisant.

Les Hébreux comptent parmi eux un groupe d'hommes qui, non contents de manifester en permanence leur mauvaise humeur, finissent par convaincre les autres de réclamer une autre nourriture. Ils en ont assez de la manne. Où sont les plats qu'ils mangeaient en Égypte, le poisson pêché à la main dans les eaux du Nil, l'oignon et le concombre, les dattes et les oies grasses des grands jours ? Leur mauvaise humeur s'étend et provoque une réaction violente lorsque le convoi parvient à Qibrot-ha-Taava.

– Nous n'en pouvons plus, nous voulons de la viande, s'exclame un groupe d'hommes déterminés.

Malgré la bonté que Yahvé a manifestée jusqu'ici, son peuple lui témoigne de la colère et se montre insultant. Il doit donc être châtié. Les Hébreux, conscients qu'ils peuvent être anéantis, sont gagnés par l'inquiétude. Tous les yeux se tournent alors vers Moïse. Contre toute attente, celui-ci se tait et se retire dans un endroit isolé.

– Yahvé, je suis fatigué de la responsabilité que tu m'as donnée, dit-il. Pourquoi me torturer ainsi ? Et surtout, comment parvenir à les calmer, à les satisfaire ? Tue-moi plutôt !

– Non, répond Dieu, sensible à la peine qui secoue son messager. Je vais t'aider. Prends les soixante-dix anciens, ces sages du peuple, et rends-toi avec eux dans ma tente. Je vais leur donner le pouvoir de t'assister, en plus d'Aaron. Pour ce qui est de la viande que réclament tes frères, ils en auront autant qu'ils veulent pendant un mois, jusqu'à se rendre malades. Tu peux aller les retrouver.

Moïse se précipite au camp, réunit tout son peuple, et leur rapporte les paroles réconfortantes qu'il vient d'entendre. À peine a-t-il terminé que des murmures s'élèvent dans la foule. Comment vont-ils réagir ? se demande-t-il, inquiet. Certains semblent douter, d'autres paraissent rassurés. Mais, lorsque les Hébreux l'acclament, montrant qu'ils sont toujours prêts à le suivre, il soupire de soulagement.

Moïse, suivant les ordres divins, rassemble les soixante-dix anciens qu'il place autour de la tente. La nuée descend sur eux, les plongeant dans une sorte de torpeur dont ils sortent dès qu'elle s'est élevée dans les airs. Désormais investis de l'Esprit de Yahvé, ils se mettent à danser et à s'agiter, à parler comme s'ils transmettaient les

mots mêmes de Dieu ! Une fois la cérémonie terminée, ils rejoignent le camp. Impressionné par ce phénomène extraordinaire, Josué, le valeureux guerrier, s'approche de Moïse :

– Je croyais que tu étais le seul capable d'un tel pouvoir.

– Je ne suis pas jaloux, lui confie Moïse au creux de l'oreille. Pourquoi donc le serais-tu pour moi ? L'important est que notre peuple soit fidèle à Dieu et continue de le servir dans son sanctuaire. Après tout, je serais comblé si ce pouvoir était accordé à tous, car…

Soudain, un vent violent se déchaîne, mettant fin à la discussion. Il vient de la Méditerranée, emportant avec lui une nuée de cailles qui s'abat sur le camp. La folie

s'empare des Hébreux qui, pendant deux jours entiers, ramassent les oiseaux, les cuisinent et les mangent sans se soucier des conseils de prudence de Moïse. L'important pour eux n'est plus de reconnaître le message de Yahvé mais de manger autant qu'il leur est possible. Dieu, malgré l'amour qu'il porte à son peuple, laisse alors parler sa colère en faisant mourir les plus gourmands dans d'atroces souffrances. Ceux qui ont échappé à la punition comptent les victimes, puis les enterrent en pleurant. Mais il est trop tard pour revenir en arrière. Les cailles ne reviendront pas pendant un mois, comme l'avait annoncé Yahvé. La manne redevient le menu habituel et Moïse, très ému, donne le signal du départ.

– Allons, mes frères, partons de Qibrot-ha-Taava.

Il ne sait pas encore qu'une autre épreuve les attend...

Les Hébreux prennent le chemin de Haçérot, en direction du nord, vers la Terre promise. C'est alors que Myriam, la propre sœur de Moïse, celle qui suivit son berceau d'osier dérivant sur les eaux du Nil, se montre soudain agressive. Elle reproche à Moïse d'avoir épousé Çippora, une Madianite, une étrangère. Aaron l'approuve. Un complot familial se prépare-t-il ? Un matin, n'y tenant plus, ils viennent le trouver.

– Tu prétends que Dieu parle à toi seul, commence Myriam. Pourtant, il s'est aussi adressé à nous...

Yahvé ne peut tolérer une telle attitude.

– Venez tous les trois dans ma demeure, dit-il d'un ton sans appel.

Myriam et Aaron échangent un regard terrifié. Accompagnés de leur frère, ils se rendent à la Tente.

– Sachez que Moïse est mon unique interlocteur, leur reproche Yahvé. Vous méritez d'être punis.

Dieu quitte sa demeure, laissant Moïse préoccupé et Aaron rongé par le remords. Quant à Myriam, elle est soudain frappée par la **lèpre**, la maladie la plus terrible, le châtiment de Dieu. Sa peau devient aussi blanche que la neige.

Lèpre : cette maladie, transmise par une bactérie, s'attaque à la peau qu'elle ronge petit à petit.

– Yahvé, par pitié, laisse ma sœur recouvrer la

santé, supplie Moïse qui ne peut supporter ses gémissements de souffrance.

Alors, Dieu la guérit, montrant encore une fois son pouvoir de vie et de mort. Lorsque Myriam revient au camp, après une semaine passée dans l'isolement le plus complet pour se purifier de sa faute, les Hébreux montent encore plus au nord, aux portes de la Terre promise.

LES HÉBREUX SONT DEVENUS NOMADES **en fuyant l'Égypte. Leur mode de vie était celui de populations sans résidence fixe, se déplaçant continuellement de point d'eau en point d'eau afin d'abreuver leurs troupeaux. Ils ne devinrent sédentaires qu'après leur installation en Canaan.**

Désert du Sinaï

La tente
Les tentes des Hébreux devaient ressembler à ces **tentes bédouines**, faites en peau de chèvre, de bœuf ou de mouton et protégeant les hommes des rigueurs de la nuit dans le désert.

Le bétail
Les Hébreux ont quitté l'Égypte avec un troupeau composé en majorité de moutons et de **caprins** (famille de la chèvre). Ces animaux, bien adaptés à des milieux secs, étaient appréciés pour leur viande, surtout les mâles (béliers et boucs) et les petits (agneaux et chevreaux), mais élevés aussi pour leur laine et leurs poils. La chèvre et la brebis fournissaient le lait. L'âne et le cheval servaient à transporter des marchandises ou à tirer des charrues.

Affronter le désert
En traversant le désert du Sinaï, les Hébreux ont dû affronter un milieu hostile, caractérisé par une chaleur extrême le jour, le froid la nuit, le manque d'eau et de nourriture.

Tentes bédouines

“ Il faut imaginer la rudesse du désert, les vents qui se lèvent, enveloppant hommes, femmes et enfants de poussière... ”

Cuisson d'une galette de pain sur une pierre surélevée

Berger et troupeau de caprins

Le pain
Il était la base de l'alimentation et fait en général avec de la farine d'orge ou de froment. Il pouvait prendre la forme d'une **galette ronde**, d'un cône ou d'une miche ovale, ou encore être creux pour recevoir d'autres aliments comme des légumes, des œufs, du lait ou du miel, pour varier les goûts et les plaisirs.

La vie nomade
Comme tous les nomades du désert, les Hébreux se déplaçaient du lever au coucher du jour. Ils portaient des vêtements longs et amples qui les protégeaient du soleil et permettaient à l'air de circuler, les empêchant ainsi de se déshydrater. Ils cuisinaient leurs repas sur des réchauds bas ou sur des feux surélevés, et utilisaient des casseroles ou des poêles en terre cuite ou en bronze. L'eau était gardée dans des outres faites en peau de chèvre tandis que le vin était transporté dans des amphores de terre cuite, tapissées à l'intérieur de résine pour les rendre étanches.

À l'oasis de Cadès

Voilà près d'un an maintenant que les Hébreux ont quitté l'Égypte. Mais seule compte leur lente progression dans le désert de Parân vers Canaan. Le jour, leurs regards se portent vers l'horizon ; la nuit, leur sommeil est hanté de rêves plus merveilleux les uns que les autres. Dieu ne leur a-t-il pas promis un pays riche, une terre fertile où couleraient le miel et le lait ? Le soir, à la veillée, les discussions vont bon train.

– Nous avons tellement hâte d'y arriver ! s'exclament de jeunes impatients.

Moïse les écoute avec attention, tout en sachant que le sort de son peuple est entre les mains de Yahvé. Un matin, il sort de sa tente et s'écarte du camp. La veille au soir, la nuée s'est arrêtée, marquant l'endroit où s'installer, une oasis appelée Cadès, dans le désert de Çin. Les Hébreux dorment encore, le silence n'est interrompu que par le vent qui s'engouffre dans les pierres, le cri lointain d'un animal attiré par leur présence, ou le bruit de l'eau qui clapote dans un grand puits. Yahvé s'adresse à Moïse :

Éclaireur : personne précédant un groupe et chargée de reconnaître un territoire.

– Écoute-moi attentivement. Tu vas rassembler douze de tes frères et les envoyer en **éclaireurs**. Ils exploreront la terre que je vous ai promise et te feront leur rapport. Qu'il en soit ainsi.

Moïse est intrigué par cette décision. Pourquoi choisir une petite troupe plutôt que de laisser tous les Hébreux aller vers le nord ? Dieu cherche-t-il à les éprouver une nouvelle fois ?

À l'aube, Moïse va trouver les douze hommes choisis par Dieu. Hébétés, les yeux encore gonflés de sommeil, ils écoutent les ordres :

– Josué, tu seras responsable de la patrouille. Prenez votre temps. Allez en direction du Néguev, notez tout ce que vous voyez, entendez, sentez. Étudiez les gens qui habitent là-bas, leurs villes, leurs défenses, les paysages, le sol. N'oubliez rien ! Quand vous aurez terminé votre mission, revenez tout nous décrire.

Le ton de Moïse est anxieux, il parle vite, comme s'il avait une appréhension. Les Hébreux, conscients de ce changement, s'interrogent : redouterait-il quelque chose ?...

Josué et ses compagnons se dirigent comme prévu vers le désert du Néguev, s'arrêtant le soir à l'abri des rochers pour se protéger des bêtes sauvages ou d'éventuels bandits. À l'aube, ils reprennent leur marche vers la Terre promise. Bientôt, Hébron est en vue. Non loin de là s'étend la vallée d'Eshkol dont la vue leur arrache un cri d'étonnement :

– Regardez ces grappes de raisin ! s'exclame l'un d'eux, du nom de Caleb.

Depuis un petit promontoire, ils découvrent une vaste étendue de vignes. Les grains noirs, gorgés de soleil, sont mûrs. Rien de plus normal, c'est la saison des vendanges. Mais le plus incroyable est la taille de ces grappes : elles sont si énormes qu'il faut deux hommes pour porter celle qu'ils ont détachée d'un **cep** et placée sur une perche. Ils ne sont pourtant pas au bout de leurs surprises...

Cep : c'est le pied de vigne, sur lequel pendent les grappes de raisin.

L'attente, dans le campement des Hébreux, devient vite difficile. Dix jours après le départ des éclaireurs, la tension est montée. Moïse l'a constaté à des petits riens, des gestes d'énervement, des pas pressés, Aaron devant même mettre fin à des bagarres.

– Mais que fait Josué ? s'est-il plaint à son frère. Et Yahvé, pourquoi se tait-il ?

– Tu auras bientôt la réponse, a annoncé Moïse.

En effet, au quarantième jour, une sentinelle aperçoit un nuage de poussière, annonçant le retour de Josué et de ses amis.

– Les voilà ! hurle-t-elle.

À Cadès, la joie est à son comble. Les éclaireurs, chargés de leur lourde grappe, s'avancent au milieu de leurs compatriotes qui les pressent de questions. Mais ils se taisent. Josué, visiblement très fatigué par le voyage, n'ouvre la bouche que devant Moïse. Le brouhaha cesse aussitôt.

– Nous avons rempli notre mission, dit-il. Nous avons vu le lait gonfler les pies des vaches et le miel couler des ruches ; voici de splendides grenades et des figues délicieuses, et puis ce raisin énorme. Oui, ce pays est riche et magnifique, un véritable paradis. Dieu nous a comblés.

Des hurlements d'excitation l'empêchent de continuer. Moïse lève les bras, imposant le silence.

– Nous avons marché des jours, poursuit Josué. La suite

est moins encourageante. Les villes sont défendues par de puissants remparts. Les habitants aussi sont puissants, depuis la mer jusqu'aux rives du Jourdain.

– Oui, mais nous pouvons les vaincre, il suffit de le vouloir, intervient Caleb, plein d'enthousiasme.

– Non, objecte l'un des éclaireurs, suivi par les neuf autres. Ils sont trop forts, nous avons même rencontré de vrais géants. À côté d'eux, nous étions des sauterelles !

L'allégresse qui s'était emparée des Hébreux laisse alors place à la colère.

Moïse et Aaron se rapprochent l'un de l'autre, prêts à affronter l'orage qui ne manque pas d'éclater.

– Nous en avons assez, voilà des semaines que vous

nous promettez monts et merveilles, proteste le peuple d'une seule voix. Et vous n'avez rien d'autre à nous offrir qu'un pays où l'on risque de se faire tuer. Pourquoi Dieu nous a-t-il fait ce cadeau empoisonné ? Il faut choisir un autre chef et retourner en Égypte ! Décidément, nous n'aurions jamais dû en partir.

Moïse comprend que Yahvé, en ordonnant l'exploration de Canaan, est bien décidé à les éprouver.

– Arrêtez de blasphémer ! ordonne Josué. Yahvé est exigeant parce qu'il nous aime. Nous avons vu ce pays, nous pouvons vaincre ceux qui veulent nous empêcher d'y habiter. Yahvé nous apportera sa protection.

– Oui, renchérit Caleb. Nous sommes certains que les divinités de ces peuples les ont abandonnés. Que peuvent-elles contre notre Dieu ?

Soudain, une pierre vole en direction des éclaireurs. Les Hébreux vont-ils les tuer ? Yahvé ne peut laisser assassiner ses plus fidèles serviteurs. Depuis sa tente, il appelle alors Moïse. Les agresseurs s'arrêtent, la peur se lit sur leurs visages pâles.

– Je ne peux plus soutenir ces hommes, gronde Yahvé. La peste va s'abattre sur eux.

– Mais que diront toutes les nations qui ont entendu parler de ta puissance ? L'Égypte qui l'a vue en action ? Plutôt que ta colère, fais parler ton amour. Pardonne-leur encore.

Une minute interminable s'écoule.

– Les raisons que tu avances sont bonnes, fait remarquer Yahvé. Seulement, ils doivent être punis. Je déclare aujourd'hui que cette génération ne mettra jamais le pied sur la terre que je lui ai promise. C'est le prix à payer pour m'avoir abandonné. Puisque l'exploration de Canaan a duré quarante jours, je compte une année par jour depuis le départ d'Égypte. Il vous faudra attendre trente-huit ans avant de pénétrer dans ce pays. Je ne reviendrai pas là-dessus !

Les dix éclaireurs qui avaient semé le doute tombent aussitôt. Morts ! Yahvé n'a épargné que Josué et Caleb. Les Hébreux, épouvantés, entendent ensuite les terribles paroles de la bouche de Moïse. Pourtant, ils continuent de ne se fier qu'à leur désir et, au matin du jour suivant, des guerriers partent pour le désert du Néguev, résolus à obtenir par les armes ce que Dieu leur refuse. Moïse tente bien de les retenir, de les avertir du danger qu'il y a à désobéir à Yahvé : rien n'y fait.

Deux jours plus tard, les survivants du combat contre les Cananéens racontent la défaite qu'ils ont subie. Les corps des Hébreux jonchent la région du désert où ils n'ont pu contenir les assauts de l'ennemi. Yahvé rendra bien impossible toute tentative de conquête. Il leur faut encore passer trente-huit ans à l'oasis de Cadès.

LES OASIS ont toujours offert aux caravanes marchandes des haltes pour se reposer et se protéger des pillards. Certaines étaient même fortifiées. Des populations pouvaient aussi s'y fixer durablement, cultivant la terre ou pratiquant l'élevage.

L'oasis
C'est un lieu du désert recouvert de végétation due à la présence d'une source. L'eau, située en surface ou en profondeur dans le sol, jaillit grâce à des puits que l'on creuse. Il existe des oasis de toutes les dimensions. Ainsi, en Égypte, certaines, le long du Nil, peuvent atteindre 500 km².

Les cultures
Dans les oasis, on trouve des arbres fruitiers comme le **palmier dattier**, le figuier et le grenadier, mais aussi des céréales traditionnelles comme l'**orge** dont on fait le pain et la bière. Les habitants produisent aussi des légumes (fèves, pois chiches, lentilles).

Le palmier dattier
Il est très précieux. Non seulement il donne un fruit délicieux, la datte, mais son bois sert en menuiserie et en charpente, ses palmes sont utilisées pour la vannerie (paniers, corbeilles…) et des cordes sont fabriquées à partir de ses fibres.

Grenade
Figues de Barbarie
Kaki

Égyptiens brassant la bière

Figues fraîches

Assiette d'orge

« La nuée s'est arrêtée, marquant l'endroit où s'installer, une oasis appelée Cadès, dans le désert de Çin. »

La bière
Elle est obtenue à partir d'**orge** moulue, malaxée et mise à macérer dans de l'eau. Le liquide fermente ensuite dans des jarres fermées d'un bouchon de terre.

L'eau
Sans elle, aucune culture n'est possible.
Le puits à balancier permet de remonter l'eau à l'aide d'un seau. Des canaux l'acheminent jusqu'aux terres cultivées.
On trouve aussi des digues qui retiennent l'eau.

Palmeraie dans le désert du Sinaï

Palmier dattier

Dattes

Puits

La faute de Moïse

Les Hébreux, condamnés à un long séjour dans l'oasis de Cadès, commencent à s'y installer. Tout autour du camp, la nature offre ce qui est indispensable au quotidien : des broussailles pour allumer le feu, de la nourriture pour le bétail, de l'eau en abondance, des palmiers pour se protéger de l'ardeur du soleil. Et, chaque jour, Yahvé leur donne la manne. Chacun se doute que ce don cessera lorsque le peuple sera en Canaan et vivra des produits de sa terre...

Mais, auparavant, la génération maudite aura disparu !

Moïse et Aaron sont les premiers à pleurer la mort d'un être cher. Le premier mois, Myriam, leur sœur bien-aimée, rend son dernier soupir. Depuis quelque temps déjà, elle se plaignait de violentes douleurs dans tout le corps et un matin, alors qu'elle venait de terminer sa toilette, elle leva les yeux vers le ciel et s'écroula sur le sol, foudroyée. Ses deux frères restèrent à son chevet durant toute la journée.

– Regarde comme son visage est tranquille, on dirait qu'elle a vu un ange, fait remarquer Aaron, les joues baignées de larmes.

– Oui, approuve Moïse.

Le tombeau de Myriam, simple amas de pierres, est dressé non loin, sur un terrain désertique qui, au cours des mois suivants, se couvre peu à peu d'autres **sépultures**.

Sépulture : endroit où repose le corps d'un mort, par exemple une tombe.

Les années passent ainsi, les enfants grandissent, leurs parents vieillissent. Moïse se fait à l'idée de voir ceux qu'il aime disparaître les uns après les autres, à commencer par sa tendre épouse Çippora et ses deux fils, Gershom et Éliezer, qui lui laissent d'adorables petits-enfants. Préoccupé du bien-être de son peuple, il veille sur le culte rendu à Dieu dans sa maison, la Tente. Il intervient lorsque des disputes éclatent, se réjouit à l'occasion des naissances qui représentent l'avenir, pleure ceux qu'il faut encore enterrer auprès de Myriam. Mais il doit aussi affronter une nouvelle fois la colère de certains Hébreux. Ainsi, un jour, il reçoit la visite de quelques hommes aux visages angoissés :

– La source est tarie ! s'écrient-ils. Décidément, toi et ton frère faites tout pour notre malheur.

En se rendant au puits d'où, la veille, l'eau sortait en abondance, Moïse se rend à l'évidence. Pour le peuple et son bétail, l'absence d'eau serait une catastrophe. Comment survivre ? Il se rend aussitôt dans la demeure de Dieu et, avec Aaron, se met à prier. Yahvé s'adresse à eux :

– Prenez cette branche de palmier et allez frapper le puits. L'eau jaillira.

Tous deux obéissent. Mais au lieu d'un seul coup, qui suffit pour montrer la puissance de Dieu, Moïse en donne deux. Il le regrette aussitôt, conscient d'avoir commis une faute impardonnable. Après tant d'années et d'épreuves, aurait-il manqué de confiance en Yahvé ? Alors Moïse courbe la tête. Il sait que Yahvé va le punir et, au fond de son cœur, il connaît son châtiment : lui et Aaron ne pénétreront pas en Canaan ! Or, les Hébreux n'ont plus qu'une année à passer à l'oasis de Cadès avant d'entrer en terre de Canaan..

Le grand matin est enfin arrivé !

Dieu, après la disparition de la génération maudite, sait qu'il peut désormais compter sur de jeunes fidèles résolus à gagner la terre qu'il a promise. Parmi les anciens, seuls Moïse, le guide, et Aaron, le grand prêtre, ont survécu, sans oublier Josué, moins âgé, devenu le véritable chef militaire des Hébreux. Au fil des années, il est devenu le plus proche compagnon de Moïse.

Alors que le soleil pointe ses premiers rayons, Moïse convoque quelques-uns des plus braves Hébreux.

– Aujourd'hui, leur dit-il, commence notre marche vers la Terre promise. Mais nous n'y entrerons pas par l'ouest. Il faut que les États de la région nous voient arriver. Je vous charge d'une mission très délicate : demander au royaume d'Édom, qui s'étend à l'est, de passer sur son territoire. Dites au roi que nous ne boirons pas de son eau et que nos bêtes ne mangeront pas de son herbe. Si une telle chose arrivait, nous paierions ce que nous aurons bu ou mangé. Nous voulons seulement traverser son pays.

Enthousiastes, les **émissaires** partent pour Édom et obtiennent de rencontrer le souverain.

Émissaire : personne à laquelle est confiée une mission délicate, en général secrète.

– J'ai entendu parler des Hébreux, déclare d'emblée celui-ci. Vous êtes partis d'Égypte. Vous affirmez que vous suivrez la grande route sans vous en éloigner, sans toucher aux puits ou aux champs. Je refuse. Prenez un autre chemin.

– Mais nous serons obligés..., commence le chef de l'ambassade avant d'être interrompu.

– Il suffit, s'exclame le roi. J'en ai décidé. Si vous osez traverser la frontière, je vous envoie mes armées.

De retour au camp, les Hébreux rapportent la discussion à Moïse qui, aussitôt, donne l'ordre du départ.

– Mes frères, ne vous découragez pas, dit-il. L'issue de

notre longue marche est proche. Vous serez bientôt installés en Canaan. Rassemblez vos forces pour cette dernière étape. Nous allons reprendre la route, contourner le royaume d'Édom et remonter par la **Transjordanie**.

Transjordanie : elle s'étend à l'est du fleuve Jourdain et correspond à peu près à la Jordanie actuelle.
Exode : départ de nombreuses personnes pour un autre endroit.

Des cris de joie saluent cette déclaration pleine de force et d'espoir. En ce jour extraordinaire, et contrairement au passé, aucune récrimination ne se fait entendre. Moïse prend la tête de la longue colonne qui avance vers le sud, vers la mer Rouge et le golfe d'Aqaba. Pour cette génération qui n'a pas connu l'**exode** d'Égypte, la traversée de cette étendue aride, que chauffe un soleil de plomb, est une épreuve difficile. Mais la fatigue disparaît lorsque, le soir, on imagine la vie en Canaan, les maisons que l'on construira, les vignes qui donneront le vin, les terres que l'on ensemencera et les vergers où l'on récoltera les fruits merveilleux...

À Hor, Moïse décide que les Hébreux méritent un peu de repos. Il pense surtout à Aaron, épuisé par le voyage, qu'il a vu trébucher à plusieurs reprises, se retenir à son bâton, et se cramponner au bras de son fils Éléazar.

L'inquiétude de Moïse est justifiée. Le lendemain, il accompagne Aaron et Éléazar au sommet de la petite montagne qui surplombe le désert. Comme il l'avait pressenti, Moïse comprend que son frère n'entrera pas en

Terre promise. Ainsi l'a voulu Dieu qui s'est adressé à lui dans sa tente :

– Aaron va mourir, l'a-t-il prévenu. Éléazar sera le nouveau grand prêtre.

Un fois sur la montagne, Aaron se déshabille et confie à son fils ses vêtements de cérémonie. Puis, calme et serein, il s'étend à même le sol rocailleux, ne gardant qu'un **pagne**. Éléazar et son oncle attendent dans le plus grand silence que ses yeux se ferment, qu'il rende son dernier souffle.

Pagne : tissu entourant les hanches et tombant en général jusqu'aux genoux.

Aaron s'éteint. Avant de redescendre au campement, Moïse et Éléazar l'enterrent. Ils versent tant de larmes sur le chemin qu'une traînée humide suit la pente abrupte.

Au camp, la nouvelle de la mort d'Aaron, l'homme de Dieu, l'un des sauveurs des Hébreux, arrache des plaintes de tristesse. Même le deuil de trente jours qui suit sa mort ne parvient pas à apaiser l'immense douleur du peuple. Pourtant, il faut se remettre en route, vers le golfe d'Aqaba, puis remonter par le nord, pour éviter le royaume d'Édom. Éléazar, malgré son chagrin, assume son rôle de grand prêtre avec application, tandis que Moïse et Josué se concertent de plus en plus souvent. En effet, les Hébreux leur semblent inquiets, nerveux. Ils assistent à des scènes d'affrontements. Leur moral faiblit. Pourtant, le convoi avance sans encombre, aucun peuple ennemi ne lui barre la route. La colonne se dirige vers le nord, longeant le pays d'Édom, et passe à Punôn. C'est là, dans ce lieu désolé, non loin d'un autre royaume, celui de Moab, que les Hébreux vont connaître une nouvelle fois le doute. Mais aussi la colère de leur Dieu.

LES HÉBREUX ONT DÛ FAIRE LA GUERRE pour posséder la Terre promise, et se sont battus selon les techniques utilisées alors au Proche-Orient. À cette époque, un peuple puissant se réveille en Mésopotamie : les Assyriens. Ils vont former la meilleure armée de cette région du monde.

Lancier et char

Les combats
Les Assyriens tuent, torturent, et parfois écorchent vifs leurs prisonniers. Ils sont également connus pour leurs machines de guerre, comme les tours et les béliers (sorte de poutre terminée par une tête de bélier servant à défoncer portes et murailles).

Le guerrier
Il est coiffé d'un casque de bronze et porte ses cheveux séparés par une raie. Lorsqu'il est chauve ou imberbe, il porte une fausse barbe et une perruque car un guerrier se doit d'être poilu. Un baudrier supporte son épée. Il va pieds nus ou s'équipe de chaussures de cuir souple lacées jusqu'au genou.

« Il suffit, s'exclame le roi. Si vous osez traverser la frontière, je vous envoie mes armées. »

Deux guerriers assyriens

Le cavalier
La cavalerie tient un rôle important au sein de l'armée car sa mobilité lui permet de se déplacer rapidement sur les champs de bataille. Le cavalier porte un bouclier et monte son cheval sans selle, sur une couverture.

Le char
C'est l'arme la plus puissante puisqu'elle est lancée sur les lignes ennemies afin de les transpercer. Généralement tiré par deux chevaux, le char est conduit par un soldat équipé d'une cuirasse et armé d'un fouet.

Les armes
Les Assyriens se servent d'arcs et de flèches, de haches, d'épées, de javelots parfois aussi hauts qu'un homme, et de boucliers. L'infanterie légère utilise des modèles peu encombrants et légers.

Aux portes de la Terre promise

La génération qui douta tant de Yahvé s'est éteinte à Cadès. Mais ses descendants, d'abord enthousiastes à l'idée de rejoindre Canaan, commencent à leur tour à manifester de la mauvaise humeur. La fatigue, la soif et le long détour qu'ils doivent effectuer les rendent de plus en plus nerveux. Eux ne sont pas partis d'Égypte. Ils ont grandi hors du pays de l'esclavage. Pourtant, ils éprouvent la même désillusion que leurs pères, recourent aux mêmes mots, aux mêmes reproches. Un matin, les Hébreux arrivent à Punôn, non loin de la mer Morte et du royaume de Moab. C'est là qu'ils laissent finalement échapper leur colère. Moïse et Josué croient revivre des scènes douloureuses du passé.

Une trentaine de jeunes hommes les entourent, l'œil menaçant, le visage rougi par la fureur.

– Nous en avons assez, s'écrie l'un d'eux. Voilà des semaines que nous marchons, que nous mangeons de cette manne et que nous buvons à peine. Nous voulons de la vraie nourriture, de l'eau en abondance. Nos parents avaient raison de protester : pourquoi avoir quitté l'Égypte ?

Ainsi, le peuple cède une nouvelle fois à son défaut le plus grave : le manque de confiance en Yahvé.

– Vous doutez de Dieu, prenez garde, avertit Moïse. Beaucoup vont mourir !

La nuit même, un cri de terreur déchire le silence. Moïse, réveillé en sursaut, en a le sang glacé. La fureur de Dieu est en marche. Des torches éclairent aussitôt le camp. On court dans tous les sens. La panique est indescriptible. Partout, des hurlements retentissent.

Au matin, les Hébreux ramassent des dizaines de morts, le visage crispé par l'épouvante et la souffrance. Yahvé, pour punir les Hébreux, leur a envoyé des serpents qui mordent et brûlent leurs victimes. Ce châtiment horrible pousse le peuple à venir demander pardon à Moïse.

– Nous avons douté de toi et de Dieu. Nous le regrettons. Par pitié, fais en sorte que cette calamité s'arrête, sinon nous allons tous disparaître.

Dans la maison de Dieu, Moïse se met en prière. Yahvé l'entend.

– Voilà ce que j'ai décidé, dit-il. Fabrique un serpent de bronze et fixe-le à un long bâton. Toute personne mordue par un serpent n'aura qu'à le regarder pour être guérie. Maintenant, partez vers le nord. Je pense que tes frères ont retenu la leçon. Ils sont enfin prêts pour la conquête qui vous attend !

Le lendemain, après avoir enterré les morts, les Hébreux plient leurs tentes et regroupent leurs troupeaux. Conduits par Moïse et Josué, ils longent le torrent de Zéred, frontière entre Moab et Édom. Pour prendre le temps de se reposer, ils s'installent dans le désert qui s'étend à l'est du royaume de Moab. Car l'étape suivante risque d'être mouvementée. Il leur faut en effet demander à Sihôn, roi des **Amorrites**, l'autorisation de traverser son royaume afin de franchir le Jourdain et d'atteindre Canaan. Moïse désigne quelques Hébreux parmi les plus diplomates et les envoie auprès du souverain, comme il l'a fait à Édom.

À Heshbôn, la capitale, Sihôn les reçoit avec méfiance. Il a entendu parler de ce peuple dont le Dieu paraît très puissant.

– Que voulez-vous ? demande-t-il d'un ton sec.

– Que tu nous laisses passer sur ton territoire. Nous suivrons la route, sans boire de ton eau, ni marcher dans tes champs.

– C'est hors de question. Au revoir.

Malgré les protestations de ses visiteurs, Sihôn reste inflexible. Pis encore, après leur départ, il réunit son armée et donne l'ordre de marcher contre les Hébreux. Mais Moïse et Josué ont déjà pris leurs dispositions. Lorsque la

Amorrites : au temps de Moïse, ce peuple était déjà ancien ; on en trouve des traces au IIIe millénaire av. J.-C., en Mésopotamie, puis de part et d'autre du fleuve Jourdain.

petite ambassade revient, le campement se transforme en fourmilière. Les femmes et les enfants partent se mettre à l'abri ; les hommes, calmes et organisés, prennent position aux endroits indiqués par Josué. Les archers, dissimulés derrière des rochers, préparent leurs arcs.

Sihôn, certain de sa victoire, avance à découvert, sans se méfier. Soudain, une volée de flèches s'abat sur ses troupes et transperce les chevaux. Les soldats, pris de panique, tentent de s'enfuir. Les officiers hurlent leurs ordres. Trop tard : les Hébreux, sortis de leurs abris creusés à même le sol, se précipitent. Leurs épées s'abattent sur l'ennemi. La victoire est totale ! Sihôn tente bien de se réfugier à Heshbôn mais, pourchassé, il doit quitter sa capitale. En une semaine, tout son royaume est occupé par les Hébreux. Moïse décide alors d'y laisser une partie de son peuple, qui, grisé par le succès, veut poursuivre la conquête vers le nord.

Bashân, le pays du roi Og qui tente à son tour d'arrêter les Hébreux, ne résiste pas à l'habile stratégie de Josué. Le royaume est aussitôt occupé par les Hébreux qui remontent ensuite jusqu'au fleuve Yarmouk. Rien ne semble devoir arrêter leur avancée triomphale vers la Terre promise. Pas même Moab qui s'inquiète lorsque ce peuple redescend au sud et installe ses tentes dans la plaine de Jéricho, ville établie de l'autre côté du Jourdain, en Canaan…

Balaq, le souverain de Moab, convoque ses conseillers.

– Comment vaincre ces maudits Hébreux ? dit-il.

– Et si nous utilisions le magie ? propose un vieil homme. Il faudrait un magicien assez puissant pour leur jeter une **malédiction.** Ensuite, il suffira de les battre.

– Je sais qui nous aidera, approuve Balaq. Envoyez des émissaires à Péor, dans le Nord. Là-bas habite un certain Balaam. Qu'ils prennent avec eux une grosse somme d'argent et qu'ils le ramènent ici. Allez !

L'ambassade, aussitôt constituée, prend la route de Péor.

Balaam, respectueux des coutumes de l'**hospitalité**, les accueille dans sa modeste maison.

Malédiction : attirer le malheur sur quelqu'un, en invoquant le Dieu unique ou un dieu lorsqu'il s'agit de religion.
Hospitalité : fait d'accueillir et de nourrir un visiteur, étranger ou non.

– Mes amis, je ne peux pas venir avec vous, confie-t-il le lendemain matin. Ce peuple est béni. Son Dieu me l'a dit. Je ne peux le maudire. Les messagers retournent auprès de Balaq et lui font leur rapport. Le roi, furieux, augmente la récompense. Balaam reçoit ses visiteurs avec autant d'égards que la première fois.

– Le roi fera tout ce que tu veux, lui promettent-ils.

– C'est impossible. Je ne peux désobéir à Dieu. Dormez ici et partez à l'aube.

Mais, à l'heure dite, Balaam accepte de les accompagner : Dieu lui en a donné l'ordre.

Monté sur son ânesse, il se prépare à sa mission.

Soudain, un ange de Dieu se met en travers de son chemin, brandissant une épée. L'animal, seul à le voir, prend une autre direction. Balaam lui assène un coup de bâton. Rien à faire. L'ânesse s'écarte à nouveau, reçoit un autre coup, emprunte un passage étroit avant de s'écrouler sur Balaam. Celui-ci se relève et aperçoit enfin l'ange qui parle au nom de Dieu :

– Sache que je décide quand une route doit s'achever. Si tu avais forcé ton ânesse à suivre celle-ci, je t'aurais abattu. Maintenant, suis ces hommes.

Balaam, bouleversé par cette apparition, rejoint Balaq qui l'attend avec impatience. Le roi a installé son trône au sommet d'une colline, au-dessus de la plaine où se sont établis les Hébreux. Balaam offre un sacrifice. Le roi

trépigne : quelle malédiction va jeter ce magicien ? Mais il manque de s'étrangler lorsque Balaam, après s'être entretenu en secret avec Dieu, lui fait cette réponse :

– Non, il est impossible de maudire ce peuple. Il est le plus béni de la Terre. Il est redoutable, son avenir est brillant. Personne ne peut empêcher sa gloire.

– Va-t'en ! hurle Balaq, les yeux exorbités par la colère.

Le roi, dépité, retourne dans sa capitale. Il est impossible d'arrêter les Hébreux.

Moïse et Josué conduisent leur peuple non loin de Jéricho, à Shittim, près du Jourdain, ce fleuve qui marque l'entrée en Terre promise. Moïse, bien que très âgé, a

marché d'un pas décidé, sentant en lui grandir l'émotion. Il lui reste pourtant une ultime épreuve : les jeunes guerriers, sans doute grisés par leurs succès, abandonnent Dieu, et vont se prosterner dans le temple voisin de Péor où les habitants adorent Baal.

– Pourquoi se prosternent-ils devant ce dieu à tête de taureau ? se lamente Moïse auprès de Dieu. Ils ne se souviennent pas de la triste histoire du veau d'or ? En plus, ils font l'amour avec les prêtresses…

Il craint la réaction de Yahvé qui, encore une fois, applique une terrible sentence.

– Que tous ces traîtres soient transpercés par l'épée ! Et que leurs corps soient exposés sur des poteaux.

L'ordre est clair. Le prêtre Pinhas, fils d'Éléazar le grand prêtre, aperçoit un Hébreu du nom de Zimri qui introduit l'une de ces femmes dans sa tente. Aussitôt, il se saisit d'une lance et les transperce tous les deux, sans hésiter. Devant ce geste de fidélité, Dieu annule le châtiment.

Moïse sent sa fin proche. N'a-t-il pas pressenti, à Cadès, qu'il ne pénétrerait pas en Terre promise ? Mais, avant de mourir, il veut contempler ce pays pour lequel il a tant combattu. Dieu le guide jusqu'au sommet du mont Pisga, qui domine la plaine où les Hébreux campent en attendant le grand jour. Au loin, les eaux du Jourdain miroitent sous le soleil. Au sud, il distingue la mer Morte ; au nord, la neige recouvre le haut du mont Hermon.

– Quel pays magnifique ! s'exclame le vieil homme.

– Oui, c'est un bonheur immense, ajoute Yahvé. Mais tu sais que seul Josué conduira la conquête.

– Je le sais. Je vais parler à mon peuple une dernière fois, ensuite je remettrai ma vie entre tes mains.

– Va en paix...

Moïse rassemble tous les Hébreux au pied du mont Pisga. De sa voix toujours puissante, il leur parle des heures durant, leur rappelant tout ce qui s'est passé depuis leur départ d'Égypte. Il leur transmet les lois qui feront des Hébreux une grande nation, à condition de respecter Yahvé.

– Souvenez-vous de son amour éternel et protecteur, de sa colère aussi quand il est trompé, conclut-il, sentant ses forces l'abandonner.

Soudain son regard se voile, un éclair bleu jaillit devant ses yeux et ses jambes se dérobent. Moïse tombe. Une brise légère fait danser ses cheveux blancs et caresse son visage apaisé. Josué se précipite pour porter dans ses bras le corps de celui qui lui témoigna tant de confiance. Autour de lui, une immense clameur de tristesse envahit le mont Pisga et les vallées, le pays entier. Durant les trente jours qui suivent l'enterrement de Moïse, le peuple hébreu soigne sa douleur. Au matin du trente et unième, Josué sort de sa tente.

– Bientôt, nous cesserons de manger la manne. Nous allons vaincre. Partons !

Après quarante ans passés dans le désert, les Hébreux franchissent le Jourdain. Ils sont à présent aux portes de la Terre promise.

Oasis en Égypte

“Dieu le guide jusqu’au sommet du mont Pisga, qui domine la plaine. Au loin, les eaux du Jourdain miroitent sous le soleil.”

Mer Rouge

DE PI-RAMSÈS À CANAAN, les Hébreux ont parcouru plus de mille kilomètres, entre déserts inhospitaliers et régions plus accueillantes. Grâce à la Bible, à l’archéologie et aux études historiques, il a été possible de reconstituer leur long périple que la Bible estime à quarante ans.

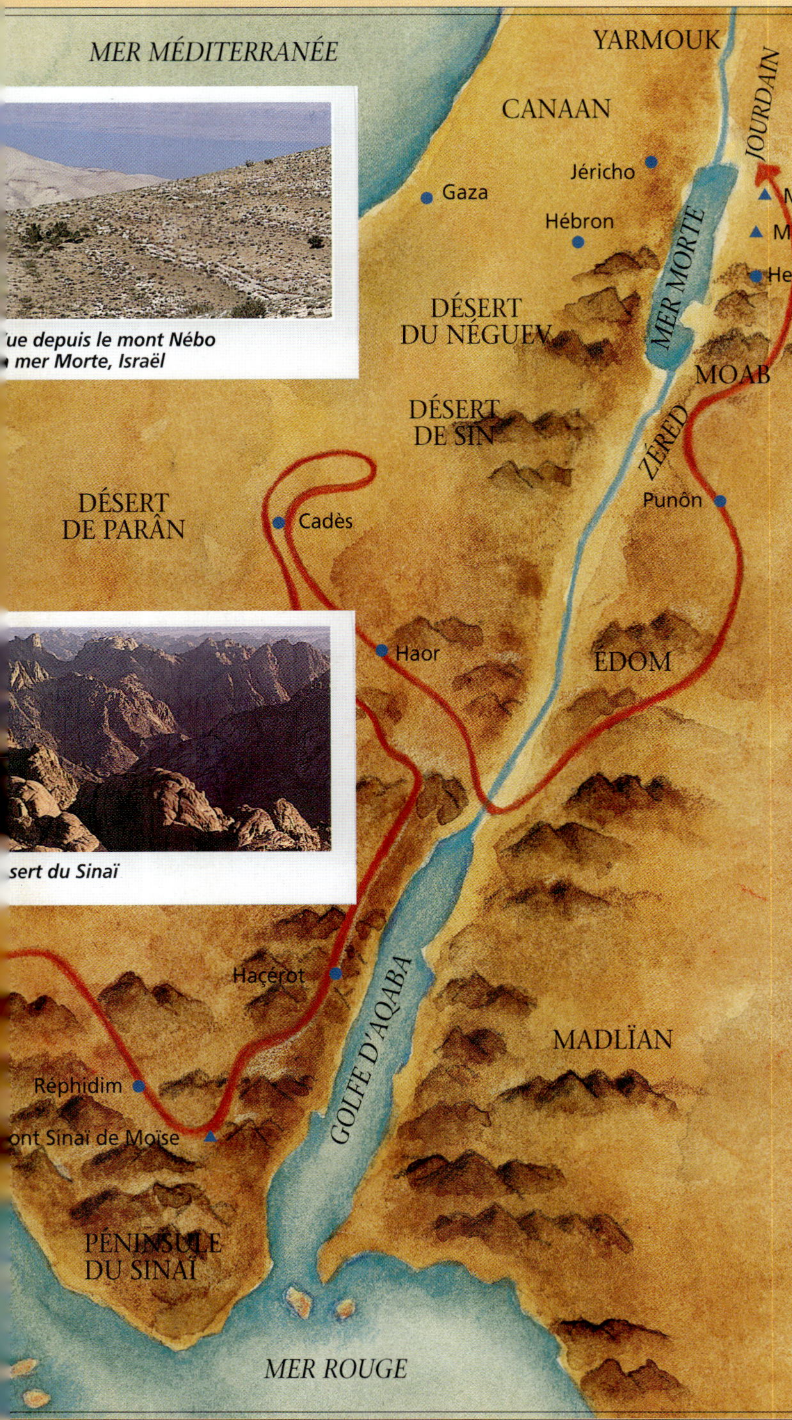

ue depuis le mont Nébo
mer Morte, Israël

sert du Sinaï

Le mer Morte
Appelée aussi mer de Sel, c'est une mer intérieure qui s'étend dans une profonde dépression (moins 392 m au-dessous du niveau des océans). Les eaux, qui s'avaporent rapidement, sont rendues épaisses par le sel.

Nébo, ou Pisga
Moïse, à la veille de mourir, gravit une montagne pour contempler la Terre promise. Selon deux sources différentes de la Bible, il s'agirait soit du mont Pisga, soit du mont Nébo, tous deux dans la chaîne des Abarim.

Édom et Moab
Après la conquête de la Terre promise, ces deux royaumes, ainsi que celui d'Ammon, situé au nord de Moab, seront de grands adversaires d'Israël ou lui seront soumis selon les circonstances.

Moïse et la Bible

La Torah

La formidable histoire de Moïse vient d'être racontée. Cet homme occupe une place essentielle dans les trois grandes religions monothéistes du monde : le christianisme, le judaïsme et l'islam. Sans doute parce qu'il a entretenu une relation directe avec Dieu qui ne cesse de fasciner. La Bible demeure la seule source directe le concernant.

La naissance de la Bible

On sait que, dès le milieu du VIe siècle av. J.-C., les scribes de la province de Judée, dont les habitants sont appelés *judaei* en latin (terme qui donnera le mot français «juif»), travaillent à partir de sources écrites et orales à la rédaction d'un monument littéraire : la Bible (du grec *biblion,* « livre sacré »). Leur travail se prolonge aux siècles suivants.
sLa Bible, écrite d'abord en hébreu, a commencé d'être traduite en grec vers 250 av. J.-C.

Bible chrétienne, Bible hébraïque

La Bible des chrétiens comporte deux ensembles : l'Ancien Testament, qui correspond à peu près à la Bible utilisée par les juifs, ou Bible hébraïque, et le Nouveau Testament, œuvre chrétienne qui aborde la vie de Jésus, les débuts du christianisme, et les écrits fondamentaux de cette religion. L'Ancien Testament (du latin *testamentum,* qui traduit l'hébreu *berith,* «alliance») relate l'histoire d'Israël depuis la création du monde jusqu'au tournant de notre ère. Élaboré sur plusieurs siècles, il présente des textes religieux, des prières, des récits historiques sur la royauté d'Israël.

Jésus et la naissance du christianisme
En l'an 28 de notre ère, la religion juive est divisée et souffre d'une trop grande rigueur. À cette époque, un juif de trente ans, Jésus de Nazareth, parcourt la Palestine afin de raviver l'alliance que Dieu a passée avec Moïse au Sinaï. Il se dit le messie, le fils de Dieu. Il prêche en puisant dans les textes sacrés, ceux de la Bible. Mais bientôt, il se heurte aux autorités religieuses de Jérusalem qui l'accusent d'être un usurpateur. Jésus est arrêté et meurt sur la croix. Ses disciples propagent sa parole. Ainsi naît le christianisme, nouvelle religion qui, avec le judaïsme, remplace peu à peu le polythéisme et gagne l'Europe.

La Torah

Le cœur de l'Ancien Testament est formé par les cinq premiers livres réunis sous le nom de *Torah* (« enseignement », en hébreu). Ce sont les livres que Moïse aurait reçus de Dieu sur le mont Sinaï et qui ont permis de raconter son histoire. Cet ensemble fut constitué par Israël afin de remonter aux origines du monde et de raconter sa naissance en évoquant ses ancêtres les plus lointains. Le premier livre est appelé Genèse. Les quatre livres suivants (Exode, Lévitique, Nombres, Deutéronome) rapportent, à partir de traditions anciennes et d'origines diverses, comment Israël a été libéré de l'esclavage en Égypte sous la conduite d'un homme prestigieux : Moïse. Avant et après Jésus, cette Torah, ou Loi, fut l'objet d'une interprétation orale contenue dans un ouvrage : la *Mishna*. Celle-ci a suivi les évolutions du judaïsme et est la base d'un autre ouvrage, élaboré dès le IIIe siècle, le *Talmud*, considéré comme la « Loi orale » indissociable de la « Loi écrite ». Ces textes sont fondamentaux pour les juifs d'aujourd'hui. Ils perpétuent le nom de Moïse.

Une source essentielle
La Torah possède ainsi une portée à la fois historique et religieuse car elle recèle une foule d'informations sur les événements politiques qui se produisirent dans cette région du monde et expose l'ensemble de règles régissant le judaïsme, dont les dix paroles (ou commandements).

Le Coran

La religion musulmane reconnaît l'Ancien et le Nouveau Testament, ainsi que l'existence de Moïse. Mais elle accorde une plus grande place à Mahomet (vers 570-632), qui surpasse Moïse et Jésus. Mahomet reçut directement la parole de Dieu (Allah), parole qui fut consignée dans le livre sacré de l'islam, le Coran.

Crédits photographiques

h : haut b : bas d : droit g : gauche c : centre

3 Tête de prisonnier sémite, terre vernissée, Kunsthistorisches Museum, Vienne © E. Lessing/Magnum

16 h : Le Vizir, bronze, fin XIIe dynastie, coll. Musée du Louvre, Paris © RMN.
b : Le scribe accroupi, calcaire peint, coll. musée égyptien, Le Caire.
hd : Temple d'Abou Simbel © Pratt-Pries/Diaf.
b : Néfertari présentant des offrandes, peinture murale de la tombe de Néfertari, Thébes, vallée des Reines, XIXe dynastie © Giraudon.

17 : Statue de Ramsès II, coll. musée égyptien, Le Caire © Scala.

30 h : Construction d'un mur, peinture murale de la tombe de Rekmara, Thèbes, vallée des nobles, Nouvel Empire © Giraudon.
b : Contremaître égyptien, coll. British museum, Londres © The Bridgeman Art Library.

31 g : Turquoise © Jean-Claude Louchet/Bios.
c : Bateliers sur le Nil, peinture murale de la tombe de Sennefer, Nouvel Empire © Giraudon.
b : Prisonnier libyen, bronze et argent , Nouvel Empire, coll. Musée du Louvre, Paris © RMN.

48 c : Isis allaitant le dieu Horus enfant, bois stuqué peint et doré, époque ptolémaïque, coll. musée du Louvre, Paris © RMN.
h : Prêtre en prière à genoux, bronze, Nouvel Empire, coll. idem. © idem.

49 h : Livre des morts, papyrus de Nebged, formule pour se transformer en phénix, vers 14000-1350av. J. C., coll. idem. © idem.
b : Œil d'Horus, amulette, dernière dynastie, coll. British museum, Londres © The Bridgeman Art Library.
c : Amulette du Prince Khaemouaset, jaspe rouge, XIXe dynastie, coll. musée du Louvre, Paris © RMN.

60 h : Fête de Soukhot © Israël Talby/Rapho.
Deux rabbins célèbrent la Pâques, gravure in Agada Pascatis, manuscrit Hébreux, coll. Bibliothèque Palatine, Parme © Dagli-Orti.

61 h : Plat de Pessah © Israël Talby/Rapho
Pain azyme, persil, céleri © Patrick Léger/Gallimard Jeunesse.

74 c : Sacrifice funéraire d'un taureau, peinture murale de la tombe d'Iti, Thèbes, détail, coll. Musée égyptien, Turin © Giraudon.

75 d : Statuette du dieu Baal au bras levé, bronze et or, coll. musée du Louvre, Paris © RMN.
b : Statue du taureau Apis bronze, Basse époque, coll. musée du Louvre, Paris © RMN.

84 c : Tente de bédouins au bord de la Mer Rouge © M. Kerdiles/Rapho.
h : Le désert du Sinaï © Yvan Travert/Diaf.

85 d : Bergers © Gérard Sioen/Rapho
h : La cuisson d'une galette ronde © Marie-France Daniel.
Bédouins sous la tente © Bernner/Rapho.

94 g : Modèle de scène de brasserie, bois peint, Moyen empire, coll. Musée du Louvre, Paris © RMN.
d : Dattes, orge © Patrick Léger/Gallimard.

95 h : Sinaï, palmiers © Mauritus/SDP.
d : Palmier, illustration © Gallimard.
b : Noria © K. Nomachi/PPS/Rapho
d : Palmeraie © Michel Hayaux du Tilly/Rapho.

106 h : Chevaux, peinture murale du palais de Teglaphalasar, époque assyrienne, coll. musée du Louvre, Paris © RMN.
b : Deux guerriers, fragment de bas-relief, 8ème siècle av. J. C., coll. idem. © idem.

107 c : Détail de la bataille de Til-Tube, provenant de Ninive, sculpture, coll. British Museum, Londres ©

Artephot/
Nimathallah

120 : Troupeau de moutons au bord du Nil © Gérard Sioen/Rapho.
b : La mer rouge près de Sharm El Sheik © J-M. Durou.

121 h : La mer morte vue depuis le Mont Nebo © Benoit Juge.
Mont Moïse © Sylvain Grandadam/Hoa-Qui.

122 : Sefer Torah, XVIe siècle © RMN/J. G. Berizzi

123 : Moïse sur le Sinaï, Rosselli, XVe siècle, chapelle Sixtine, Vatican © Giraudon

BIBLIOGRAPHIE

La Bible, *Histoire de Moïse,* Étonnants Classiques, Flammarion, 1987.

Pierre-Marie Beaude, Georges Lemoine, *Le Livre de Moïse*, Centurion, Okapi, 1992.

J. Tubb, *Terres de la Bible*, Les Yeux de la Découverte, Gallimard Jeunesse, Paris, 1991.

Le livre de la Bible, Ancien testament, Découverte Cadet, Gallimard Jeunesse, Paris, 1996.

A. Royer, G. Carpentier, L. Melanson, *Moïse*, Autre Regard, Mango Jeunesse, Paris, 1994.

Mireille Hadas-Lebel, *Entre la Bible et l'Histoire, le peuple Hébreu,* Découverte, Gallimard, Paris, 1997.

SITES INTERNET

GÉNÉRAUX

http://histgeo.free.fr/sixieme.html

Traditions juives
http://www.mjlf.col.fr/redirection.htm?name=pessah.asp

Bible
http://www.bibliorama.com/

Archéologie
http://www.israel-mfa.gov.il/mfa/go.asp?MFAH0fyk0

Visite du Louvre

http://www.louvre.fr/francais/collec/ao/ao_f.htm

http://www.louvre.fr/francais/visite/ao/ao_f.htm

À VISITER

Musée d'Art et d'Histoire du Judaïsme

Hôtel de Saint-Aignan
71, rue du Temple
75003 - Paris
Tél. 01 53 01 86 53
Fax: 01 42 72 97 47
E-mail: info@mahj.org

SUR LES TRACES

Direction éditoriale :
Maylis de Kerangal
Direction artistique :
Elisabeth Cohat

SUR LES TRACES DE MOÏSE

Graphisme :
Christine Régnier
Édition :
Maylis de Kerangal
Françoise Favez
Iconographie :
Anaïck Bourhis

Remerciements
Alix Cohen
Marie-France Daniel